知識ゼロからの

An introduction
of writing a persuasive proposal

企画書の書き方

スケジュール
schedule
企画実施までの日程

企画概略 *outline*
企画の目的、内容について共有する

広告宣伝費 *publicity expenses*
商品宣伝のコストとパフォーマンスを試算

原価計算
cost accounting
生産におけるコスト、予算を検討する

流通経路
a channel of distribution
効率的な商品と代金の流れを設定する

ターゲット
target
購入者の年齢、職業、性別を想定する

市場調査
market research
開発や販売に関して消費者の動向を探る

弘兼憲史

知識ゼロからの企画書の書き方
弘兼憲史
An introduction of writing a persuasive proposal

幻冬舎

はじめに

企画書の作成は、ビジネスマンにとって、避けては通れない一大事である。会社で自作の企画書を通せるかどうかで、アイデア力が試され、会社の自分への評価もそこで決まることが多いからだ。

ボクが就職した電機メーカーでは、販売助成部に所属したのだが、製品をひとつでも多く売るための自分なりの販売戦略を立て、企画書にして、上層部に提出しなければならなかった。当時はパソコンどころかワープロさえもない時代。すべて手書きによる企画書作成は大変な作業であったが、自分の企画書が幹部会議で議題として取り上げられた時の喜びは、今でも忘れることができない。

なぜ企画書が必要なのか。それは、どんなに自分の頭の中にいいアイデアやイメージがあっても、それがどれほど意味があることなのか、人に説明し、分かってもらえなければ何も始まらないからである。ものごとを進めるには何ごとにも「はじめ」がある。会社の新製品開発やプロジェクト起ち上げなどには、まず「企画書ありき」なのである。

どんな小さな物でも、また車のような大きな物でも、企画書という一枚の紙から新しい「商品」や「価値」が生み出される。つまり、会社が十分な利益を上げられるかどうかは、この企画書一枚にかかっていると言っても過言ではないのだ。

この本では、企画書を書いたことのない人から、さらに良い企画書の書き方・まとめ方を望んでいる人のために、企画書のイロハからひとつのプロジェクトの企画書作成までを図解入りで分かりやすくまとめてみた。本書を読むことによって、ビジネスマンは同僚に一歩差をつけることができるだろう。また個人として読んだ人も、日常生活でアイデアを企画にまで高め、企画書にまとめることで巨万の富を手にすることも夢ではない。

身のまわりにあるすべての物は、あなたの一枚の企画書から成り立っていると思えば、世界を見る目が今日から違ってくるはずだ。その一助にこの本が役立ってくれれば、と願わずにはいられない。

弘兼　憲史

● 知識ゼロからの　**企画書の書き方**　目　次 ●

CONTENTS

CONTENTS

CONTENTS

CONTENTS

ここに並んでいる商品も
最初は企画書がありました
その企画書によって
売れる見込みがあると認められたから
商品となっているのです
みなさんも
企画書の書き方を覚えて
いい製品が
開発できるように
頑張ってください

第1章
企画書を書くためには

ビジネスには企画書が不可欠である。
どんなビジネス、どんな商品でも、
最初は企画があったからこそ生まれたものだ。
まずは企画書とは何か？
企画書を書く理由とは何か？
をよく考えてみよう。

企画とは何か？

▼思いつきで終わらせてはいけない

仕事では、「こんな新商品はどうかな？」「こんなキャンペーンをやってみたら面白いだろうか？」ということを、自らの頭で考えなくてはいけない。それを「企画」だと思ってはいないだろうか？

しかし、それは単なる「思いつき」である。「企画」は「思いつき」とは全く違うものなのだ。

では、両者の違いはどこにあるのだろうか？「思いつき」は、頭の中で考えているだけのものにすぎない。しかし「企画」とは、「思いつき」の内容を正式な文書の形にしたもののことを呼ぶ。たったそれだけの違いだが、その違いによって他人にその「思いつき」が意図通りに伝わるかどうかが決まってくる。

どんなに素晴らしいアイデアでも、「思いつき」だけでそれを文書にせずに、「企画」にしないで終わらせてしまったら何の価値もない。

ビジネスにおいては、自分のアイデアを正しく周囲に伝えないと誰も自分を評価してくれない。正しく伝えるためには、理路整然とした企画が必要なのだ。それができる者のみが、ビジネスの世界で勝利をおさめることができるのだ。

そして、ここで必要になってくるのが企画書だ。企画書とは、自分自身が持っている「思いつき」を正確な文章や数字で表わして、他人に伝えるための道具だ。企画書は、自分で作成のやり方を覚えていくしかないのだ。

ここでちょっと自分の周囲を見渡してみよう。私達の周囲にはあらゆる商品がこれでもかと、あふれている。その無数にある商品。それらのすべては、まず企画書があってこそ生まれたものだということを知っておいてほしい。

つまり、企画書とはどんな物を作る時にでも必要とされるものなのだ。

「思いつき」が商品として売り出されるまでの流れ

「思いつき」は企画書にまとめることによって、きちんとした「企画」になる。企画は会社に提出して通すことによって、商品になって売り出される

思いつき（まだ頭の中にあるだけ）

頭の中から紙の上に出してまとめる

↓

思いつきを企画書にまとめる

会社に提出して企画を通す

↓

会社に提出して実行される商品として販売される

→

だから、すべての商品は「初めに企画書ありき」で生まれたものと言える

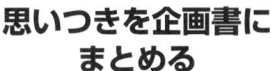

なぜ企画を通さねばならないのか？

▼通ってこそ実行できるのだ

企画というものについて少しは分かってもらえただろうか？　では、「企画を通す」とはどういうことだろうか？　なぜビジネスマンは企画を通さなければならないのだろうか？

結論からいうと、「会社のお金で自分のアイデアを実行するから」というのが理由だ。会社のお金を使わせてもらうためには「この製品を開発して売り出せば、こんなに儲かります」ということを、会社に納得してもらう必要がある。そのためにデータや資料を集めて作成する書類が企画書なのだ。そして「企画書を通す」ということは、その企画を実行するためのGOサインを会社からもらうことだ。

自分自身のお金だけを使ってビジネスをやっているなら、企画書を書く必要はない。しかしそれも、社内だけの話だ。たとえ一人でビジネスをやっていても、パートナーとなる企業は、必ず出てくる。そういったパートナーと共同でビジネスをやる時は、やはり企画書を書かなくてはならない。

企画書は誰に提出すればいいのだろうか？　それは中小企業なら社長である場合が多いし、やや大きい企業なら、新しい製品開発や事業を始めるための最終的な決定を下す部署である場合も多い。

企画書は提出後に最終的な決断を待つだけのこともある。しかし、後日意思決定者たちの前でプレゼンテーションをさせられることも多く、口頭で企画の主旨を説明することになる。

こうして自分の企画の有益性、優れた点を納得させることができたら、晴れて企画が通ることになる。もちろん、いつも企画が通るほど会社は甘くはなく、却下されることも多いだろう。そこで大事なのが、良い企画書を作成する技術なのだ。

アイデアから企画成立までの流れ

自分にアイデアがある

- ■ それを会社のお金で実行してみたいが、会社のお金は勝手に使えない
- ■ 会社に自分のアイデアの良さを知ってもらうことが必要

↓

企画書を書く

- ■ 企画内容についてプレゼンテーションする
- ■ 企画書を会社に提出、納得してもらう

↓

意思決定者が企画を検討する

★ GOサインが出れば、企画成立！

★ 自分のアイデアを実行してもらえる

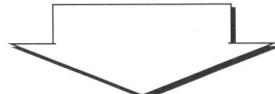

企画が通るのはなぜか？ 通らないのはなぜか？

▼優れた点を見せつける

企画書

通る企画書と通らない企画書の違いは何か？

会社が求めているものは「利益が出る製品や事業」、つまり売れる商品だ。ということは、企画書において「この企画は売れる、利益が出る」と説明しなくてはならない。通る企画書とは、「売れる」ことを具体的に、そして分かりやすく説明しているものなのだ。反対にそれが明確に説明されていないものは通らない。

また、企画書は見る者に感動を与えなくては通らない。企画書に書いてある製品が閲覧者に「これはすごい！」と思わせられるかどうかが鍵となる。

そして企画書は、読みやすいものでなくてはならない。ズラズラと改行もせずに小さい文字が並んだ企画書では、たとえ内容が良くても相手は読む気にならない。まずパッと見て読む気になるような、スッキリとしたレイアウトの企画書を作ることが大事なのだ。

さらに企画書には、必要な情報をすべて入れなくてはならない。ここでいう必要な情報とは、自分が企画した製品やキャンペーンの詳細な内容だ。それ以外にも市場の動向や競合品など、参考として入れるべき情報は多い。それがないと、「どういう内容なのか？」「なぜ売れるのか？」が読み手に伝わらないからだ。

相手にスゴイと
思わせさえすれば
この企画は通る！

企画を通してライバルに差をつけよう！

通る企画書・通らない企画書の違い

◇ 通る企画書とは……

- 新製品や商品が「売れる」ものであることを説明している
- 読む者に感動を与える、読む者をウナらせる
- レイアウトがスッキリしていて読みやすく、分かりやすい
- ポイントがズレていなく、内容がしっかりしている
- スケジュールや予算計画に無理がない
- 企画を裏付けるデータや資料がある

◇ 通らない企画書とは……

- どうして「売れる」のかまるで分からない
- 読む者の印象に残らない、感動がない
- レイアウトがスッキリしていなくて、読みにくい
- 製品などの内容説明が不十分
- スケジュールや予算計画に無理がある
- 客観的なデータや資料がない

素晴らしい！
これほど完璧に
ニーズに対応した
商品はほかにないぞ！
他社に先を越される前に
早速とりかかってくれ！

売れる商品ならみんなが飛びつく

企画書は言われて書くものではない！

▼企画書で自分のアイデアを見せる

自分の頭の中にビジネスのアイデアがあり、それを企画書にまとめて会社に提出する。この過程において、あなたは「アイデアを企画書にまとめる」という行動を指示してくれる人間がいると思っているだろうか？　そう思っているならまだまだ。

いつも「企画書を書いてみて」と上司から言ってくるとは限らない。上司や会社が考えたアイデアなら、「企画書を書いてみて」と上司から指示されるものだ。しかし自分自身がアイデアを持っていたとしても、上司が企画書作成の指示を出すだろうか。

自分のアイデアは、自分だけしかその存在を知らない。自分が決断して自発的に企画書を書かないと、そのアイデアは誰にも知られずに終わってしまう。

アイデアを持っているなら、自分でぜひ企画書にまとめてみることだ。そして上司や会社に提案して意見を伺ってみよう。

提出した企画書が通ればよいが、挫折することもあるだろう。しかし、いつかまたその企画書を活用する時が来るかもしれない。その時のために、通らなかった企画書も保管しておくことを勧める。

同じ企画書でも、見る人によって評価は変わってくるものだ。今回通らなかった企画書でも、上司や経営陣が変わってから提出すれば、次は通るかもしれない。また社外向けの企画書なら、別の企業に持って行けば通ることもあり得る。

一度通らなかった企画でも、自分のやる気次第で、敗者復活のチャンスは何回でも作ることができる。

企画書を自分から進んで書くことによって得られるもの

自分から企画書をいろいろ書く

- 企画をいろいろ考えることで、ビジネスに対する感覚が磨かれる
- 企画書をまとめることにより、ほかの文書に使える文章力がつく

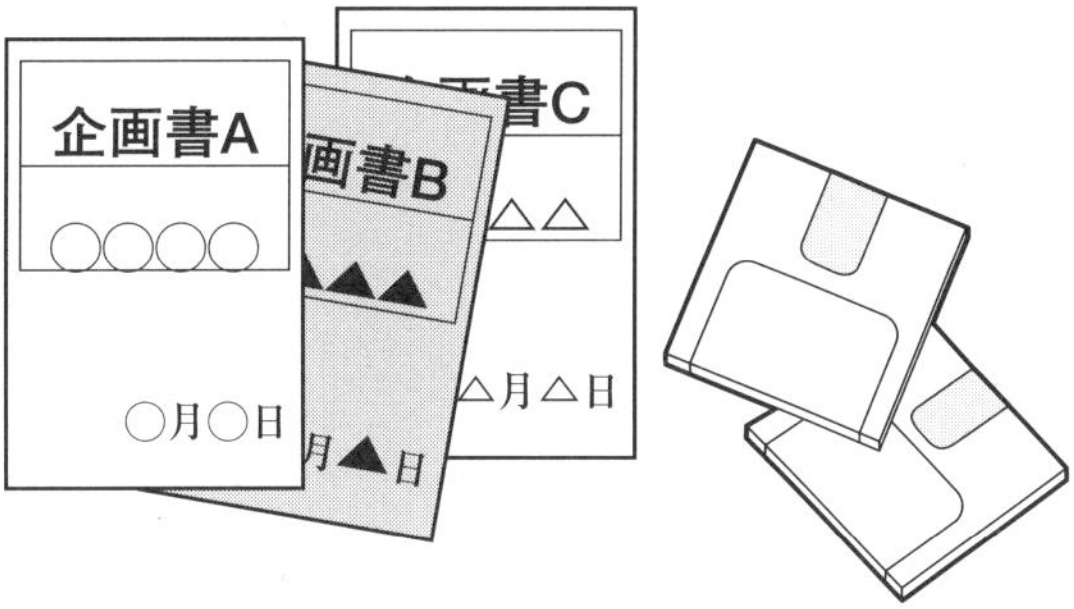

たとえ通らなくても、上司はやる気を評価してくれる

- 将来独立しても、やっていける能力が養われる
- 会社の中での、自分の評価が上がる

自分にとって大きなプラスになる

個人が企画を売り込んで1億円稼いだ例もある！

▼会社でなくても企画書は書ける

企画書

企画書は、ビジネスマンだけが書くものではない。学生でも、そして主婦でも、卓越したアイデアと企画書があれば、思わぬ大金を手にする可能性もあるのだ。

ソフトバンクの孫正義《そんまさよし》氏は誰もが知っているだろう。孫氏が学生の時、大学に行きながらビジネスをする方法は何かないか考えていた。そして思いついたのが、自分の発明を企業に売り込んで金を稼ぐことだった。

孫氏は友人の技術者と協力して、音声付きの電子翻訳機を発明した。そしてそれを日本のメーカーに売り込もうとしたのだ。最初はなかなか採用されずに、数社から断られたが、ついにシャープに採用されて商品化が決まった。そして孫氏は、その使用料として1億円もの大金を手にすることができた。一学生の企画がシャープに採用された背景には、当時の専務に直接プレゼンをぶつけた行動力がある。

もちろん、実際にはいつもうまくいくとは限らない。この例は、孫氏の発明力、企画書、行動力、そしてプレゼンと、あらゆる要素がそろったからこそ成功した例だろう。それさえできれば、たとえ学生でもビジネスに成功して大金を稼げることもある。

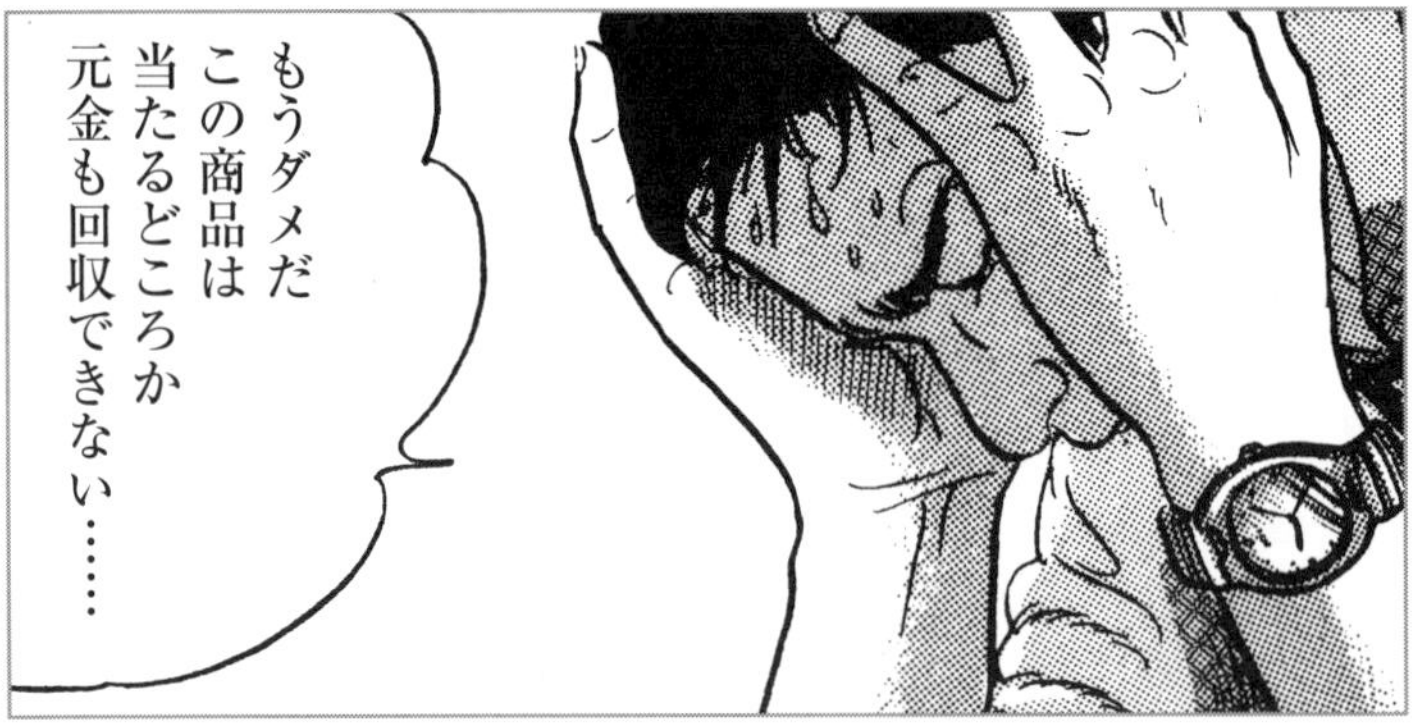
もうダメだ
この商品は
当たるどころか
元金も回収できない……

力がないのに無茶をすると、このように失敗する

優れたアイデアと企画書があれば、企画を売り込んでビッグビジネスができる

学生時代の孫正義氏（現ソフトバンク社長）が個人で行ったビジネス

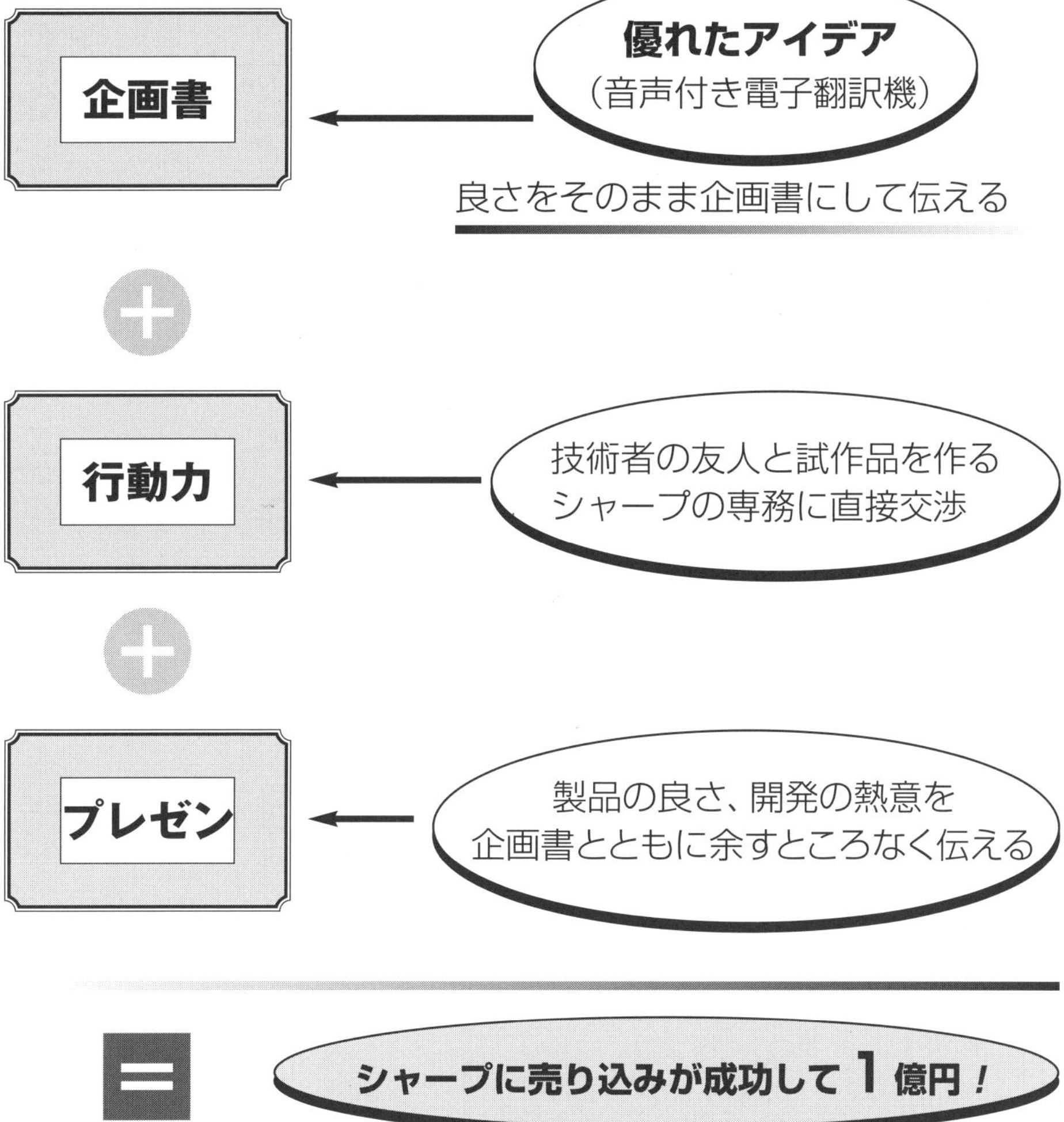

まずは自分で企画を考える

▼今あるものから企画を立てる

企画書とは「思いつき」を書面にまとめるものだが、前提として自分の中にアイデアがなくては、それは不可能だ。まずはビジネスのアイデアを考え出さなくてはいけない。

それが苦手な人のために、簡単な企画の立て方について述べておく。

◆他社の企画をまねしてみる

これは一番簡単な企画の立て方だ。もっとも、商標権や著作権などの問題もあるから、まねをした製品がそのまま発売されては大問題だ。しかし、とりあえず他社の商品をまねた企画を考えてみて、それで企画書を書く練習をしてみるのもいい。

ただし実際に、それを会社に提出するかどうかは別問題だ。この方法はあくまで、企画書の書き方を練習するためにとどめておく。

◆いくつかの商品を合成してみる

市場にはたくさんの既存商品が出回っている。それらの商品をいくつか取り上げてみて、それらが合成できないか考えてみる。この方法は、まずはカタログを集めるところから始める。カタログを集める時間がなかったら、新聞などの折り込みチラシを集めてもよいだろう。カタログが集まったら、それを家でじっくり眺めていると案が浮かんでくるはずだ。

複数の商品の良い部分だけを集めて新製品ができないだろうか？　それを自分の企画にして、企画書を作成してみる。

◆既存の商品を改良してみる

これも既存の商品を使った企画だ。既存商品のカタログを見ていて、「この商品はこの部分に問題がある」と思わないだろうか？

では、その悪い部分を自社で改良することはできないだろうか？　既存商品の改良品として新製品・新企画を立ててみるのもよい。

自分で簡単な企画を考えてみる方法

他社の企画をまねしてみる

- まずはそっくりそのまま企画書にしてみる
- 次は色を変えたり、形を変えたりしてみる
- それからだんだんと大きく変更してみる
- キャンペーン等なら特許や商標などの問題もないので、そのまま実行してもよい

いくつかの商品を合成してみる

- まずはカタログを集める
- それを眺めて、組み合わせができるか考える
- 複数商品の長所を組み合わせてみる
- 2つだけではなく、3つ組み合わせてもよい
- 商品だけではなく、キャンペーンなどについても実行可能

既存の商品を改良してみる

- 自社や他社の商品カタログを集める
- その中で商品の問題点となる部分を探す
- それを改良して、新製品ができないか考える

良い商品だが
まだ改良点がある
新しい企画を
立ててみるか

ショールームなどで既存商品をチェックしよう

他人から企画を依頼された時には？

▼他人のアイデアを形にする

「企画書は自分から進んで書くもの」とはすでに述べたが、仕事の上ではクライアントなどから企画の立案や企画書の作成を依頼されることが多いのが現実だ。中でも多いのは、上司から依頼されるケースだろう。依頼を受けたら依頼者から企画の主旨を聞きだすところから始めないといけない。そのための打ち合わせを、まず行うこと。

　依頼者が上司などの場合は、いつでも打ち合わせができるが、社外から依頼されたものだと打ち合わせをするにもアポを取らなくてはならない。

　企画書を依頼された場合、最低一度は依頼者と打ち合わせをするのが望ましい。

　企画書を書くには、依頼者の意図や現時点で固まっている企画内容をくみ取ることが大事となる。そのためには、打ち合わせでしっかり話し合っておくことが大事である。

　じっくり話を聞くためには、時間を取ってもらわなくてはいけない。そこで打ち合わせには1時間くらいは取ってもらうようにする。その大事な時間を使って、しっかり話を聞く。ただ相手に時間がない場合は手短に終わらせるか、何回かに分けた方がよい。

　忘れてはならないのは、企画書の作成を依頼されたということは、自分にも企画の詳細を考えてほしいということだ。「企画書頼むよ」という言葉は、単に依頼者の頭にあることをそのまま文章にするだけではない。企画の内容、スケジュール、予算など、細かい部分をあなたに考えてほしいという意味でもあるのだ。

　ただ言われたことをそのまま企画書にするだけなら、依頼者が自分で書いた方がいいだろう。あなたに頼んでいるからには、あなたのアイデアもほしがっていると思った方がいい。だから、自分も一緒になって企画を作りあげていこうとする姿勢が大事なのだ。

企画書を依頼されたら、まず打ち合わせで話を聞く

企画書作成を依頼される

企画書を書くことになる

打ち合わせを行う

企画書作成開始

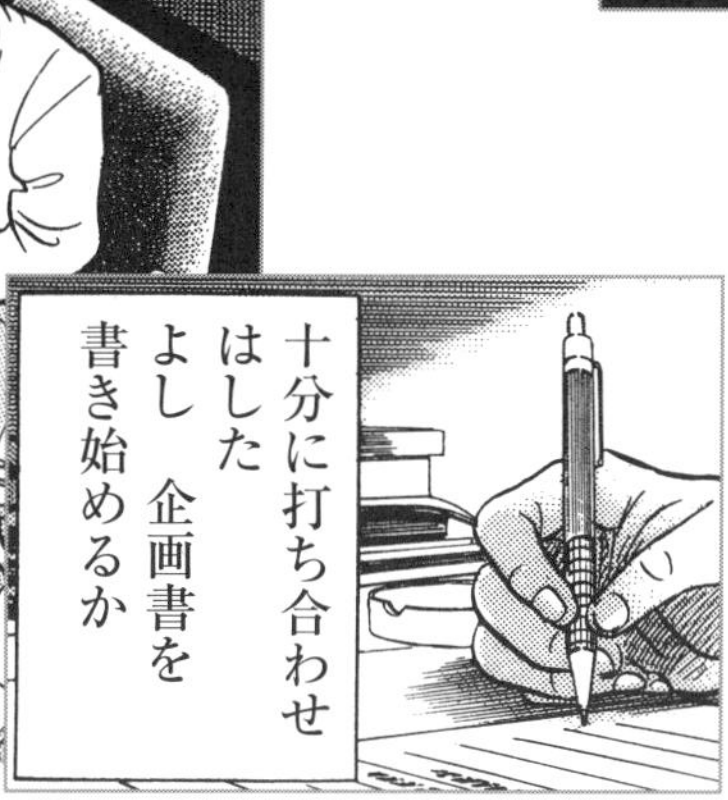

依頼者から聞いておくべきこと

▼依頼者の意図をくみ取る

打ち合わせでは、企画の主旨を細かい部分まではっきりと聞いておく。もちろん、メモはしっかり取ること。

打ち合わせで依頼者に聞いておくことは、だいたい以下のような点だ。

◆企画の内容（製品概要など）

これは一番大事な部分だ。依頼者は、自分に何を託しているのか？ どんな企画を求めているのか？ もちろん、企画書の作成を依頼されたということは、単に頼まれたことを書くだけではなく、自分にも考えてほしいということを忘れてはならない。

◆スケジュール

ここでいうスケジュールには2つの意味がある。まずは企画書に書くスケジュール。そして、企画書を作成するためのスケジュールだ。その両方を聞いておき、いつまでに完成させてほしいのか、確認しておく。あまりにも締め切りが早いようなら、遅らせてもらうか断った方がよい。

◆予算

依頼された企画を実行するために、いくらまで予算を使っていいのかも確認する。基本的には予算計画も自分で作成するのだが、その前に上限を聞いておく。

◆企画書の書式

企画書のサイズ、ページ数、体裁、製本方法など、依頼者の要望があったら確認しておく。

◆プレゼンテーションの有無

今回の企画書作成はプレゼンテーションを行うのかどうか、プレゼンテーションがある場合は、何月何日に行うのか？ 場所はどこになるのか？ 参加人数はどの程度になるのか？ などを聞いておいた方がよい。

プレゼンテーションを自分で企画する手順については、144ページに書いてある。

企画を依頼された時に聞いておくべきこと

企画の内容(製品概要など)

◇ 大事な点なのでしっかり聞いておく

◇ ほかに質問ができる人間(開発担当者など)がいるか聞いておく

◇ 現在どの程度まで進んでいるのか聞く

◇ サンプルなどが手に入るのか確認する

スケジュール

◇ 企画のスケジュールを大まかに聞いておく

◇ 企画書のスケジュールも聞く

◇ 無理（3日後までなど）があるようなら、変更してもらう

予　算

◇ 企画でいくらまで予算を使えるのか聞く

◇ 細かい計画は自分で考える

企画書の書式

◇ サイズはどれか？
（A4、A3、B5など）

◇ ページ数はどの程度がよいのか？

◇ 体裁（ワードの文章中心、パワーポイントのスライド中心など）

◇ 製本（ホチキス止め、その他）

プレゼンテーションの有無

◇ プレゼンはあるのか？
ないのか？

◇ あるなら何月何日にどこでやるのか？

◇ 誰に対してプレゼンをするのか？

その他

◇ 企画に関係する業務の担当者など

聞いてはいけないこともある！

▼自分でできることは自分でする

企画書

依頼者に企画の意図やその他の指示を聞いておくのがブリーフィングの意義なのだが、ここで聞かない方がいいこともある。それは以下のとおりだ。

◆競合品

（70ページ参照）

これは依頼者に聞くことではなく、自分で調べなくてはいけない。

企画書には、競合品について触れておくことが大事なのだが、それは自分で調べる。

◆自社の類似製品

（70ページ参照）

自分の会社の製品くらいは他人に聞かずに自分で調べないといけない。

◆消費者のニーズや声

（72ページ参照）

これも競合品と同じで、依頼者に聞くことではない。自分でネットなどを利用して調べる。

◆売上・利益

（92ページ参照）

売上・利益は予算とは違う。予算についてはある程度確認しておいてもいいが、売上・利益は予算やコストをもとにして、自分で計算して出すものだ。依頼者に聞くことではない。ただし、「最低どれくらいの売上が必要ですか？」と最低必要額は聞いてもよい。

◆過去に聞いたこと

これはちょっと微妙な判断が必要となる。ただ「すでに知っているはず」のことを改めて聞くのは、やめた方がいい。

例えば、同じような企画書の二度目以降の依頼だったら、予算については聞かなくても分かっていると、相手も思っているだろう。その場合は、予算について聞かない方がよい。

依頼者に聞いてはいけないこと

ブリーフィングは、依頼者からいろいろ聞きだすためにあるのだが、中には聞いてはいけないこともあるので気をつけよう

競合品
これは自分で調べるべきこと。そのために企画書の作成を依頼しているからだ

自社の類似製品
競合品と同じように自分で調べる。自社製品なら自分でも十分調べられるはず

消費者のニーズや声
依頼者にそれを聞いても仕方がない。自分でデータを集める

売上・利益
予算やコストをもとに、自分で予想を出して計算をする

過去に聞いたこと
これは言うまでもない。何度も聞いては失礼に当たる

さっき言ったじゃないか！同じことを何度も聞かないでくれ！
ガミ
ガミ
ガミ

トレース

情報を仕入れるために
展示会に来てみたが……
これだけの商品があれば
資料にするには十分だな
じっくりと見比べて
特徴を整理しなければ……

第2章

企画書作成のための情報収集と整理

良い企画書を書くためには、
まずは良い情報を集めることが大事だ。
現代は情報があふれており、
何も考えずにいては情報の海におぼれてしまう。
おぼれずに、しっかり泳いで目的地にたどり着こう。

企画書作成に必要なツール―1

▼良い企画書に道具と頭は使いよう！

「企画書を書こう！」と思ったのはよいが、何から手をつけてよいのか分からないこともあるだろう。初めて書く時はまず、企画書作成に必要な機材・道具をそろえることから始める。企画書作成には以下の物が必要になる。

◆パソコン

これは絶対必要。会社にパソコンがあるのは当然だが、使える能力が必要。今どきのビジネスシーンでは、文書を作成するのにパソコンを使用するのは常識と言える。手書きで作成した企画書などは、ほとんど受け付けてもらえない。

なお必要なソフトについては、次の項目で述べる。

◆プリンター

普通の会社ならあるが、カラープリンターもあった方が望ましい。写真やパワーポイント、イラストレーターの作成物をそのまま色付きでプリントアウトできるからだ。

次項で話すが、こういった豊富な色使いやレイアウトが可能になる機能を持ったソフトを企画書作成に使うこともある。

◆デジカメ

これもあった方が絶対いい。必要なものは写真に撮り、それをデータとして取り込んでスライドで見せることも可能。

今ではどこの会社にも1台はあると思うが、使えるようになることが大事。

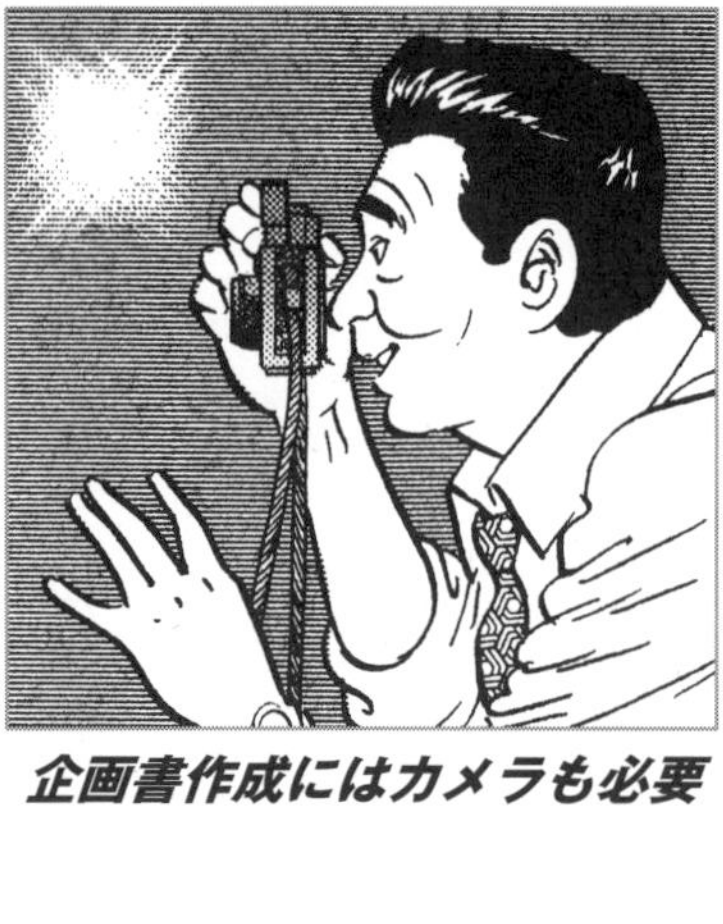

企画書作成にはカメラも必要

企画書作成に必要な物と、ない場合の対処法

◇ 必要な物 ◇	◇ ない場合の対処法 ◇

●パソコン

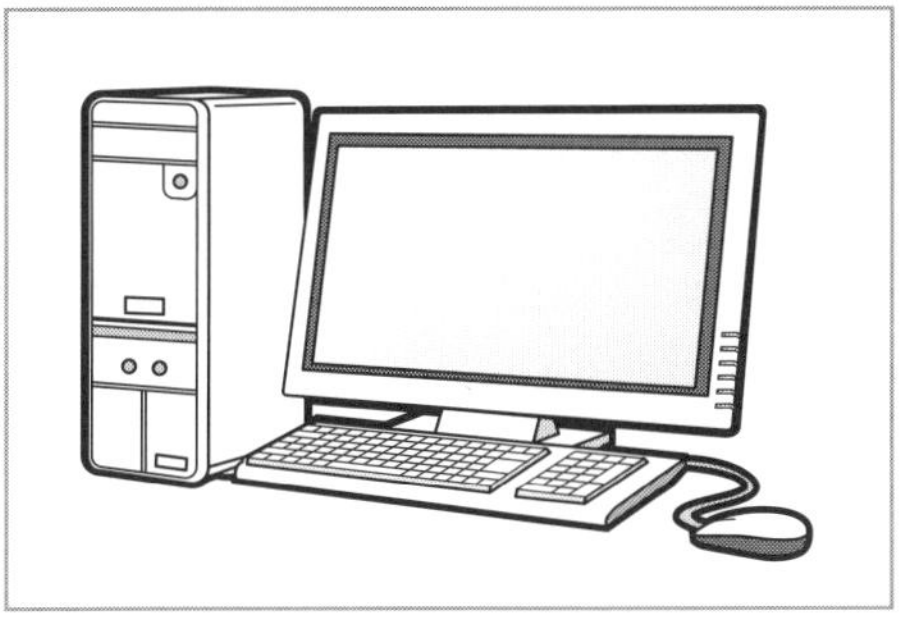

現在ではパソコンが１台もない会社というものはほとんど存在しない。必要なのはむしろ操るための能力。まずはワード、エクセルだけでも頑張って覚えてみる。場合によってはワードだけでもなんとかなる。

●プリンター

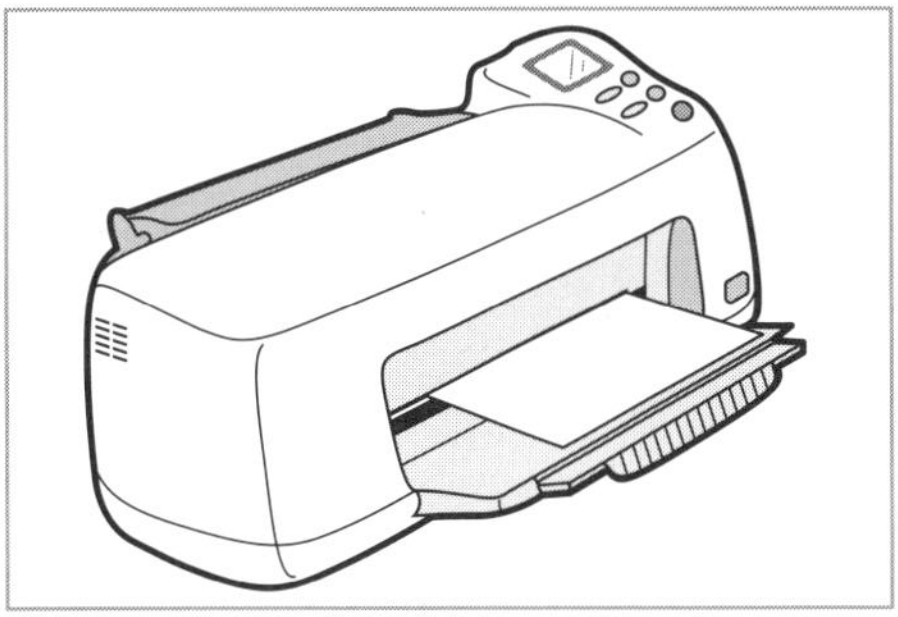

これもパソコンと同様に必要なものなので、ない企業はほとんどない。同じプリンターでも、カラープリンターがあった方がよい。白黒のみの場合は、画像などを取り込んでも、画像がつぶれてしまうことが多いので、文字や図表主体の方が無難。

●デジカメ

ある会社が多いが、パソコンのようにほとんどというわけではない。小さな企業では、ない場合もある。ないなら普通のカメラで撮った写真をスキャナーで取り込むのも手だ。それもできない場合は、写真などは入れずに企画書を作成する。

企画書作成に必要なツール――2

▼企画書をグレードアップさせる道具

◆カラーコピー機

白黒コピーだけではなく、カラーコピーもあった方がよい。カラープリントされた企画書をその場でコピーして、人数分用意することができるからだ。

◆スキャナー

デジタルでない写真などをスキャンして取り込むことができる。また、ＯＣＲソフトを使えば、新聞や書類の文章をテキストデータとして取り込める。

◆ホチキス

完成した企画書を最後に止めるために必要。枚数が多いものは業務用の大きいホチキスが必要になる。

◆企画手帳

企画書作成用の手帳を1冊持っておく。そこにアイデアや必要な情報を随時メモしていく癖をつける。

どんなサイズでも構わない。小さな手帳サイズでもよいし、Ａ４くらいの大きなノートを使ってもよい。自分の使いやすいものを選べばよい。

◆図書館

「道具」ではないが、近くにあると便利。図書館には企画書に必要な資料が豊富にそろっている。会社や自宅近くの図書館を使えるようにしておく。また、いつでも行ける書店も見つけておくこと。

これらが会社にすべてそろっていれば文句はない。しかしない場合は、ある物だけで企画書を作成していくしかない。カラープリンターがなければ、白黒だけで作成するのはやむを得ないし、デジカメがないならインスタントカメラとスキャナーで代用する手もある。

企画書を作成する前に、これらの物が会社にどれだけそろっているか確認しておけばやりやすい。

企画書作成に必要な物と、ない場合の対処法

◇ 必要な物 ◇　→　◇ ない場合の対処法 ◇

●カラーコピー機

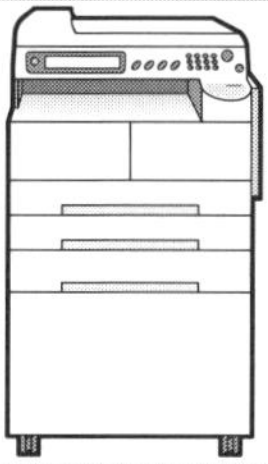

→ ない会社もまだ多い。カラーコピー機がなくても、カラープリンターがあればそれで必要な枚数をプリントアウトすることも可能。

●スキャナー

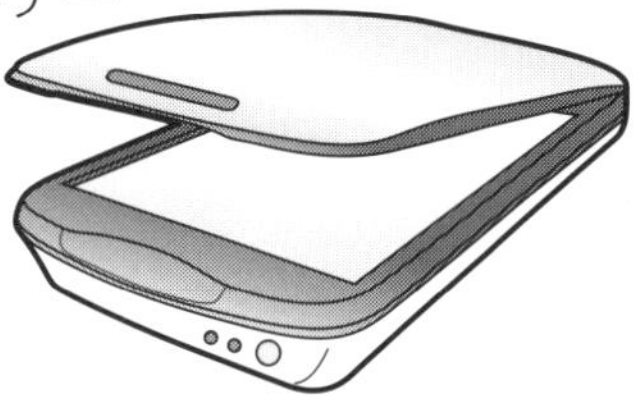

→ ない会社も多い。写真のデータ化などに必要だが、ないなら初めからデジタルカメラで写真を撮るなどすればよい。

●ホチキス

→ なければ買っておく。

●企画手帳

→ 企画手帳を作っていない場合は、まずそれを作る。大きさなどは、自分の好きなものを選べばよい。

●図書館

→ 図書館が近くにあると便利。会社の近くにない場合でも、家の近くの図書館を利用することなどを考える。

企画書作成にはこのソフトを使え！——1

▼良い企画書はソフトを使いこなせ！

企画書作成にはパソコンが必要と述べたが、ソフトに関しては何が必要だろうか？　企画書の作成に必要なソフトの数はそう多くない。なお、メールやインターネットは企画書作成のためだけではなく、ビジネス全体に必須だ。

◆ワード

（または別のワープロソフト）

これはすべての基本。企画書は文章を書くのだから、ワードのようなワープロソフトを使う。ワードだけでも企画書は書ける。

◆エクセル

（または別の表計算ソフト）

数字を入れた表やグラフを作成する時に必要となる。自動で計算する機能も付いているので、費用や利益などの数字部分を作成する時には便利。

実は、ワードとエクセルだけでも企画書は十分に書ける。まずはこの2つを使えるようにする。そして必要に応じて、さらにいろいろなソフトの使い方を覚えればよい。

◆パワーポイント

マイクロソフトのプレゼンテーションソフト。文章や表だけではなく、背景やレイアウトがかなり自由にデザインできるので、視覚的な効果を狙った企画書を作成できる。

またパソコン単体で、あるいはOHPなどにつないで、スライドショーができる機能を持っている。アニメーションなど、高い視覚的効果を得られる機能もある。

パワーポイントは、ワードなどに比べるとやや普及度が低いので、自分のパソコンに入っていないこともあるかもしれない。しかし、最低でもビューワーだけは入れておくと、来たファイルを読める。ビューワーはマイクロソフトのサイトでダウンロードできる。

企画書作成に必要なソフトとその特徴

ソフト	難易度	メリット	デメリット
ワード	初級	＊簡単に覚えられる ＊長い文章がキレイに書ける ＊誰でも使っているので、データ・フォーマットの共有がしやすい	＊表・グラフは作成しにくい ＊視覚的な要素は入れにくい ＊レイアウトにやや自由度がない
エクセル	初級	＊簡単に覚えられる ＊表・グラフが簡単に作成できる ＊数字を自動的に計算してくれる	＊文章は入力しにくい ＊写真をはじめ、視覚的な要素は入れにくい
パワーポイント	中級	＊紙芝居のように、次々とめくっていけるスライドショーができる ＊アニメなどの視覚的要素が豊富	＊あまり普及していない ＊覚えるのがやや難しい ＊細かい文章は入れにくい

手書きは効率が悪い
早くソフトの使い方を
覚えなければ……

企画書作成にはこのソフトを使え！――2

▼ひと味違った企画書はこのソフトで差をつけよ！

ワード、エクセル、パワーポイントだけでも企画書作成には十分なのだが、他に使えると便利なソフトを解説しておく。

◆ＤＴＰソフト（ページメーカー、パブリッシャーなど）

　これらのＤＴＰソフトは、本格的な印刷物を作成するためのソフトだ。社外向けの企画書で、印刷所で製本するような大掛かりなものなら、ＤＴＰソフトで作成する。

ただし、普段使用しない人が多いのと、操作が難しいため、使い方を覚えるのに時間がかかる。

◆グラフィックソフト（イラストレーター、フリーハンドなど）

　これらは画像を作成するソフトで、デジカメの写真を取り込んで加工することもできる。画像の大きさを変えるだけではなく、グラデーションをつけるなど、高度な加工ができる。画像や図版主体の企画書には向いているが、文字主体のものには向かない。これらも使い方を覚えるのに時間がかかる。

◆ＯＣＲソフト

　ＯＣＲソフトとは、紙媒体に印刷されている文書をスキャナーで取り込んで、テキストデータにするためのソフトだ。これは必須ではないが、あれば便利なソフトと言える。ＯＣＲソフトを使えば、新聞や書類など紙媒体の文章を、ワード、テキスト、ＰＤＦなど、あらゆる形式のファイルとしてデータ化できる。ただしスキャナーがないと意味がない。

◆ＰＤＦ作成ソフト（Adobe Acrobatなど）

　ＰＤＦファイルについては１０４ページで詳しく説明している。ＰＤＦはオフィス文書の作成・共有に便利な形式のファイルだ。それを作成するためのソフトは「Adobe Acrobat」が代表的なものだ。持っていても損はない。

企画書作成に必要なソフトとその特徴

ソフト	難易度	メリット	デメリット
DTPソフト	上級	＊印刷物対応のクオリティの高いページが作れる ＊文・図版・画像のレイアウトが自由にできる	＊覚えるのが難しい ＊あまり普及していない
グラフィックソフト	上級	＊画像の加工が自由にできる ＊表・グラフも高度なものが作成できる	＊覚えるのが難しい ＊あまり普及していない ＊文字が入れにくいので、これだけでは企画書は作成しにくい
OCRソフト	初～上	＊紙媒体の文書を、データとして取り込める	＊スキャナーがないと意味がない ＊ソフトにもよるが、認識精度が低いものもある
PDF作成ソフト	初～上	＊PDFファイルが簡単に作成できる	特になし

今回は印刷所で製本してもらおうと思ってる
ではDTPソフトを使いましょう

書籍から情報を集める

▼いつでも活用できる図書館を身近で探せ！

◆書籍の情報を有効に使う

企画書作成に必要な情報を集めるには、いろいろなニュースソースを活用しなくてはならない。その中でもまず、有効活用したいのは書籍だ。

ここで必要なのは、どんな本だろうか？

まずは統計類があるといい。きちんと集計された統計は、データとしての信頼性も高いからだ。

消費者の動向や意識などの統計類は、政府が発行している刊行物に載っているものが多い。

書店の「政府刊行物」のコーナーは押さえておく。政府刊行物を置いていない書店も多いので、すぐに行ける大型書店をチェックしておくと便利だ。

他にあったら便利なものは、自分の業界に関する本や雑誌だ。そういった本や雑誌には、業界の最新動向が載っているから、企画書作成に大いに役に立つ。

大抵の場合、業界誌は会社が定期購読をしていて、社内に1冊や2冊は置いてあるもの。そういった雑誌は遠慮なく活用する。

また業界に関する本は、社内で別の部署の人間が持っていることも多いので、必要ならば、他部署から借りてくる。

◆図書館を有効活用

書店にある本は、購入することになるが、いつも経費として会社が出してくれるとは限らない。

経費が出ない時には、図書館を活用するのが一番だ。家や会社近くの図書館は、いつでも使えるようにしておく。

専門的なことを調べるなら、国会図書館などの大型図書館を利用すればよい。大型図書館はネット上で蔵書検索もできるので、そちらも併せて活用する。

書籍の種類と集められる情報

種類	特徴と集められる情報
政府統計類	●消費者の行動などのデータを拾える ●刊行点数が多いので、いろいろなデータがある ●統計のデータが多いので、信頼できる ●政府の統計集は分厚くて値段の高い本が多い
業界関連の本や雑誌	●自分の業界のトレンドが分かる ●雑誌は文字情報だけでなく、写真などの情報も豊富 ●統計書よりも安くて手軽に買える
地図	●地域の情報が分かるので、小売関連の企画には必須 ●縮尺は大小さまざま
ビジネス関連書	●原価や利益など、数字面で分からないことがあったら、それらの本を買って参考にする

これだけ資料があると
情報の収集に
困らないわ

インターネットから情報を集める

▼インターネットは宝の山だ

◆インターネットを上手に使う

今やインターネットはビジネスには欠かせないツールになっている。ネットを使いこなせるかどうかで、ビジネスマンとしての力量が評価される時代になったのだ。

企画書作成に関しても同じことが言える。良い企画書を作成するためには、ネットから良い情報を集めることが不可欠だ。

ネット上で押さえておきたい情報は、まずは書籍の場合と同じ統計情報だ。これは政府関連のサイトに多く公開されている。

特に総務省統計局のサイトには、多くの統計が公開されているので、これらのデータをうまく使って、企画書の内容を説得力あるものにしよう。

◆情報の集まりやすいサイト

また、各業界・各商品のポータルサイトも押さえておきたい。「ポータルサイト」とは、ある分野・商品に関する情報が大量に集まっているサイトのことだ。

例えば、自動車に関するポータルサイトでは、自動車の情報が大量に集まっている。同じように、化粧品に関するポータルサイト、不動産に関するポータルサイトなど、あらゆる業界・商品のポータルサイトがある。

さらに、ショッピングサイトも良い情報が集められる場所だ。ショッピングサイトに行けば、現在市場に出回っている、あらゆる商品の情報が見られるからだ。

そこで「売れ行きランキング」などがあれば、現在の売れ筋商品がよく分かる。そうやって市場の動向を常につかんでおくことが大事だ。

あとは自分の関連業界のニュースが掲載されるニュースサイトも、いくつか見つけておく。ニュースサイトは企画書作成時だけでなく、常にチェックして自業界の動向を知っておくと有利だ。

サイトの種類と集められる情報

種類	特徴と集められる情報
政府・業界団体サイト	●政府や業界団体のサイトには、統計情報が多く載せられている ●特に総務省統計局のサイトには統計情報が多い ●自業界の統計情報は、所轄官庁や自業界の団体サイトを探す
ポータルサイト（総合）	●Yahoo!やGoogleといった、いわゆる検索サイトのことを指す ●これらのサイトには、さまざまな情報が掲載されている ●トップページにはメニュー一覧があるので、そこから自分のほしい情報を探していく
ポータルサイト（専門）	●自動車や化粧品など、個別の業界・商品についてもポータルサイトがある ●Yahoo!などの総合サイトよりも、個別の専門分野には強い ●自業界のポータルサイトを2～3個見つけておくと便利
ショッピングサイト	●さまざまな商品が掲載されているので、市場の動向をつかむことができる ●売れ行きランキングがあれば、売れ筋が分かる ●また、専門家によるコラムなどがあるところもある ●海外のショッピングサイトなら、海外市場の動向も分かる
ニュースサイト（専門）	●自業界のニュースが多く掲載されている ●業界の最新情報がチェックできる ●ポータルサイトがニュースを掲載している場合も多い

ネット上の情報の見つけ方

▼必要な情報を効率よく探し出すキーワード

◆検索サイトを使いこなす

ネット上での情報の探し方の基本は、Yahoo!やGoogleなどの検索サイトでキーワードを入れて検索してみることだ。キーワードの入れ方次第で、効率よく情報を見つけられるかどうかが決まってくる。ここでは化粧品に関する情報を集める例を取りあげてみよう。

まずは統計情報だ。統計が多く集まっている総務省統計局のサイトは、「総務省統計局」というキーワードで検索すれば、すぐに見つかる。

それ以外の方法で統計情報を見つけるには、考えて検索する必要がある。まずは「化粧品」と単独のキーワードで検索をしてみる。最初にいくつかのポータルサイトが出てくるので、それは役立つ。しかし、それ以外は数が多すぎて、どれを見たらよいか分からなくなる。そこでキーワードを追加してみる。

◆キーワードを2つ組み合わせる

例えば「化粧品　データ」というキーワードで検索をしてみると、これで化粧品に関するデータ情報が見つけやすくなる。

今度は化粧品関連のポータルサイトを見つけてみる。「化粧品　ポータル」という組み合わせで検索してみれば、それらは見つけやすい。また「化粧品　リンク集」という2つでも、関連のリンク集が見つかるので、いろいろな情報が得られる。それから、「化粧品　ニュース」として検索すれば、化粧品関連のニュースを流しているサイトが見つけられる。

今度は化粧品関連のショッピングサイトも見てみよう。これは、「化粧品　ショッピング」という組み合わせの検索や、またはYahoo!や楽天のような大規模なショッピングモールで化粧品のコーナーに行ってみてもよい。こういったサイトでは、現在市場に出回っている商品のことがよく分かる。

ネット上の情報はこうして探せ！

★ 検索キーワードの組み合わせと見つかる主なサイト
（Yahoo! で化粧品について検索する場合）

組み合わせ	見つかるサイト
「化粧品」のみ	かなりたくさんのサイトが出てくる。このケースで最初に出てくるのは、ポータルサイトが多い。まずはそれらをチェックしてみる。ほかのサイトは数が多すぎてチェックできないかもしれない。その場合は2つのキーワードを組み合わせてみる。
「化粧品」と「データ」	化粧品に関するデータが掲載されているサイトが多く見つかる。
「化粧品」と「アンケート」	化粧品関連のアンケート調査の結果が載っているサイトが多く見つかる。
「化粧品」と「ポータル」	化粧品関連のポータルサイトが見つかりやすい。
「化粧品」と「リンク集」	化粧品関連のリンク集が多く見つかる。リンク集はそこからリンクをたどれば、さまざまなサイトが見つかるので、ぜひチェックしてみよう。
「化粧品」と「ニュース」	化粧品関連の最新ニュースが載っているサイトが多く出てくる。

※ １つ目のキーワードを変えれば、他商品にも使える

使えないと時代に取り残されるぞ
いや　悪戦苦闘ですよ　コンピューターは苦手で

インターネットは情報収集に欠かせないツールになっている

自分の足で情報を集める

▼街には情報があふれている

◆店でも情報は集められる

情報は自分で歩き回って集めるものでもある。実際に商品が売られている小売店を回ってみる。まずは自社と取引のない店に客として行ってみて、消費者の反応や、現在市場ではどんな商品が売れているかなどを、自分の目で確認することが大事だ。また、カタログなどをもらってくるのもいい。

小売店を回ってみることによって、市場の現状を自分の目で確かめることができる。これは難しいことではない。勤務時間中でなくても、退社して家に帰る途中や週末の休みでもできる。

また、自社と取引のある店を回ってみるのも、別の意味で大事なことだ。取引のある店なら、従業員と情報交換することもできる。現在はどんな商品が売れているのか？　今の消費者はどんな商品を求めているのか？　そういった現場の生の情報を吸収することはとても有益だ。

◆業界の情報を集めるとなおよい

それ以外にも、営業として数々の得意先の企業を回ることによって、業界のいろいろな話を聞くことができる。そういった生の情報は非常に価値が高い。

小売店ではなく同業他社にも行って話を聞けば、自業界の現状がおのずと分かってくる。内勤だと外に出る機会はあまりないが、たまには営業と同行してみるのもよい。

すぐれた口コミ情報を得るためには、ターゲットとなる年齢や性別の友人ネットワークを活用することだ。

例えば、主婦向けに生活用品の製造・販売をしている会社に勤めていれば、主婦の友人から話を聞くことで、ターゲットとなる消費者の気持ちが理解できるようになる。そういった友人と本音で語り合えるような関係を築くことが大事だ。

自分の足で行ってみるべき場所とチェック項目

行くべき場所	チェック項目
小売店	□ 自業界の商品が売られている小売店に行ってみる □ どんな商品が市場に出回っているのか見る □ どんな商品が売れているのかチェックする □ どれくらいの価格で出回っているか見る □ カタログをもらってくる
小売店（取引有）	□ 取引があるので、担当者にいろいろ話を聞く
企画実施予定地	□ 出店企画やキャンペーンなどは、実際に現地に行く □ 近場なら、何度足を運んでもよい □ 周辺の様子をしっかり頭に入れておく □ 必要ならデジカメで写真を撮る
友人・知人	□ 自社製品のターゲットとなる年齢・性別層の友人を多く持つ □ そういった友人と酒を飲んだりして、本音で語り合う

情報収集には本音で語り合える友人も必要

企画に役立つ情報と捨ててもよい情報──1

▼信頼できるネット情報を分類せよ

　世の中には情報があふれているが、嘘の情報や価値のない情報も大量に存在している。ビジネスマンには、本当に価値がある情報とそうでないものを見分ける能力が要求される。それは、企画書の作成でも同じである。

　ここでは情報をインターネット、それ以外のメディア、口コミの3つに分け、それぞれで必要な情報を取捨選択する方法を述べる。

◆インターネットの情報

　良い企画書を作成するためにはネット上からの情報収集が不可欠である。しかし、ネット上はあまりにも情報量が多すぎて、価値のない情報、嘘の情報が混在している。

　企画書作成に使用する情報は、信頼できるものでなくてはいけない。そのためには、ニュースソースが曖昧《あいまい》ではっきりしていない情報は使うべきではない。

　ネット上に存在する情報で信頼が置けるものは、新聞などの各マスコミサイトにあるものだ。これらはネット上に掲載する前に裏を取ってあるので、信頼性はかなり高いと思ってもよい。ただし新聞のサイトにある情報だからといって、本当にすべてが真実であるわけではない。

　もうひとつ信頼できる筋は、政府関連のサイトにある統計や発表情報だ。これらも基本的には信頼できる。ただし統計には必ず誤差が生じる。また数字のごまかしもあるので、数字を使用する時は、それらを確認してからにする。

◆注意を要する情報

　ネット上にある情報で注意すべきなのは、個人サイトの情報だ。管理者個人が書いて載せただけのものが多く、それらは情報としての信頼性には欠ける。もし利用するなら、管理者に問い合わせて情報ソースをきちんと確認してから引用したい。

情報の分類

企画書作成に必要な情報、必要ない情報（全般）

必要な情報

- 客観的な情報
- 正確な情報
- 感情的ではない事実

必要ない情報

- 主観が入った情報
- 不正確で、データの裏付けがない情報
- 個人的感情

企画書作成に必要な情報、必要ない情報（ネット）

必要な情報

- 政府関連サイトの統計
- 新聞・雑誌などのマスコミサイトの情報
- ネット上で公開されているデータやアンケート
- ショッピングサイトの製品情報

必要ない情報

- 個人サイトの情報で、ソースが不明確なもの
- 匿名《とくめい》掲示板やチャットの情報（ただし、場合によっては消費者の声として考慮に入れてもよい）

インターネットを使いこなさないと
有益な情報にたどり着かない

企画に役立つ情報と捨ててもよい情報 ― 2

▼必要な情報はメモを取れ

◆ネット以外のメディアの情報

　ネット以外のメディアとは、新聞、雑誌、テレビ、ラジオなどを指す。

　この中で比較的信憑性《しんぴょうせい》の高い情報は新聞の情報だ。ただし新聞といってもスポーツ紙は入れない。スポーツ紙の情報はあまり信頼できないものもあるからだ。

　スポーツ紙以外の情報は信頼性が高いので、メモをするなりスクラップをするなりして、企画書の作成に役立てる。

　テレビに関しては、ニュース番組で報道されていることは一応確実な情報といえる。また、ドキュメンタリーの内容も確かであることが多いので、企画書作成には役立つ。

　その一方で使えない情報とは、ドラマやバラエティで流されている内容だ。ドラマはフィクションだし、バラエティも笑いを取ることを目的として、事実を曲げてしまっていることが多い。

　雑誌や書籍は基本的には「使える情報」と考えてよいので、どんどんコピーを取って活用しよう。ただし、雑誌でも一部のゴシップ週刊誌は例外だ。なお、マンガ本でも中には企画書に使える本もある。

◆口コミ情報

　企画書は、自分の主観や個人的感情、あるいは他人の感情を入れて書くものではない。ただし消費者の声は載せてもよい。また、企画書に載せる情報は確実なものでなくてはならない。デタラメを載せたら、企画そのものの信頼度が低くなってしまう。

　それを考えると、うわさ話は「いらない情報」の筆頭にあがってくる。

　企画書作成に必要な口コミ情報とは、会議で話されている内容や、あるいは取引先との商談で出てくる内容だ。企画手帳を用意しておき、必要な情報は忘れずにメモする習慣をつける。

情報の分類

企画書作成に必要な情報、必要ない情報（メディア）

必要な情報	必要ない情報
●新聞（一般紙）	●新聞（スポーツ紙）
●雑誌（ゴシップ週刊誌以外）	●雑誌（ゴシップ週刊誌）
●テレビのニュース	●テレビのバラエティ番組
●書籍（統計書含む）	

企画書作成に必要な情報、必要ない情報（口コミ）

必要な情報	必要ない情報
●仕事の会議での発言	●うわさ話
●取引先との商談	●酔った時の会話
●小売店の店員の話	●会社や上司の悪口

※ ただし、口コミ情報を企画書に書く場合は、きちんと裏を取ることが必要

栗原さんて いやらしいのよ 仕事中におしりを さわったりするの
それならいいわよ 福本さんなんか 木野さんと倉庫で キスしてたんだって
ホントォ？
でもさ　もっと おかしいのはさ 坂井って新入社員 サラ金に 追われてるって うわさよォ……

給湯室のうわさ話は企画書には使えない

企画手帳に何でもメモれ！——1

▼メモは1週間単位で整理

◆メモを取れば忘れない

企画書を作成するにあたっては、頭の中のアイデアをすべて文章や図版にしなくてはならない。そこで、思いついたことを忘れないために、企画手帳を1冊用意しておいて、何でもメモしていく必要がある。

企画手帳といっても難しく考えることはない。普通の手帳を1冊買って、それを企画専用に使えばよい。

例えば、「こんな新商品ができたら」とか「こんなキャンペーンができたらいいな」などと思いついたら、忘れないうちにすぐに企画手帳にメモを取る。その時に内容だけではなく、その日付も記しておく。日時の記憶があれば、いつ思いついたものか、手帳を見て思い出せるからだ。

◆たまったメモを整理する

毎日メモを取っていると内容がたまってくるので、1週間メモを取り続けたら、その内容を一通り読み返して整理する。多くの情報が雑然と書き込まれている。それらを改めて整理しておくことが必要なのだ。

例えば商品に関することなら、そのネーミング、色、サイズなど、いろいろな情報が書かれているはずだ。そのままでは雑然とした状態で残っているので、別の手帳上で整理する。

なお、この書き直しの作業は2冊目の手帳ではなく、パソコン上でやってもよい。慣れている人は、パソコンにメモ書きを入力して整理する方がやりやすい。

また、メモを取る量も、人によって変わってくるはずだ。メモの量が多い人は、1週間に1回ではなく、2回、3回と整理をするのがよい。

週末や週の途中にメモ整理の時間を少しでも取るように心掛ければ、いざ必要となったときに困らない。

企画手帳に何でもメモれ！

アイデアを思いついたり面白い情報を聞いたら、すぐに企画手帳にメモをする

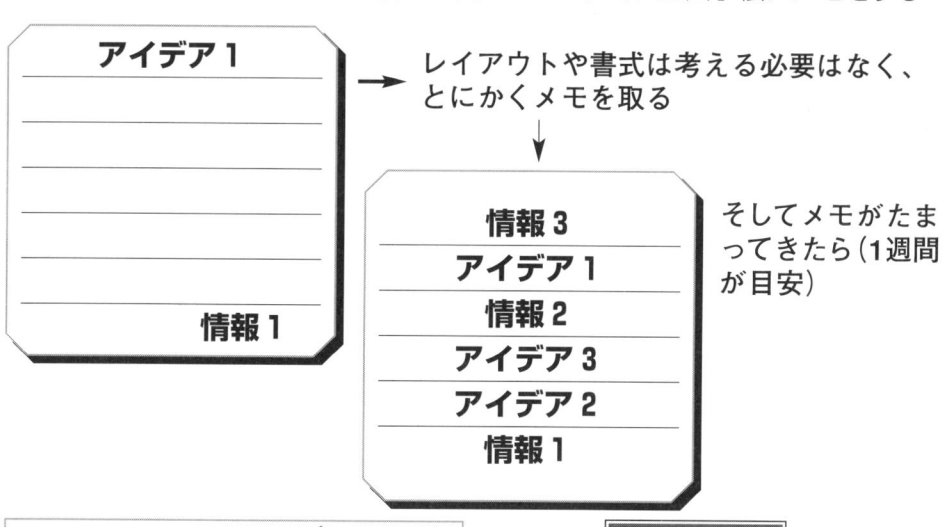

アイデア 1

情報 1

→ レイアウトや書式は考える必要はなく、とにかくメモを取る

↓

情報 3
アイデア 1
情報 2
アイデア 3
アイデア 2
情報 1

そしてメモがたまってきたら（1週間が目安）

アイデア 1
アイデア 2
アイデア 3
情報 1
情報 2

書いたメモを別ページや別ノート、またはパソコン上に整理する

上手にまとめなければ
メモの意味がない

企画手帳に何でもメモれ！ — 2

▼会議用のメモと連動させよ！

◆会議中でも企画メモを

良い情報を集めるには、会議の内容もメモしておくことが有効だ。社内の会議でも社外を含めた会議でも企画手帳にメモをする習慣を持つようにする。

会議の時は企画手帳を手元に置き、「この発言は役に立つな」と思えば、忘れないうちにすぐにメモする。専用の企画手帳ではなく、会議メモと兼用してもよい。その場合は終了後に改めて必要な情報を、企画手帳に転記する。

◆企画手帳は常に手元に

会社に勤めていると、企画会議や部署内のミーティング、営業会議などいろいろな会議があるが、どんな会議でも企画手帳は手元に置いておくのがよい。企画に参考になる発言は、常に出てくる可能性があるからだ。

会議で企画メモを取るときには、日付だけではなく「○○部の○○さん」のように、発言者の部署名と個人名を入れる。そしてその部分に対して分からないことがあったら、後でその人に聞くようにする。

◆社外の会議でもネタはある

さらに、社外での打ち合わせや商談でも企画メモは同じように取るようにする。ただしメモした発言の相手が社外の人の場合は、内容の問い合わせだけでむやみに手をわずらわせないこと。相手との関係を考えてから行動する。

そして会議メモの内容も、ある程度時間がたったら整理が必要となる。これは会議以外のメモと同じように、1週間を目安として別の手帳などに整理すればよい。またパソコン上に整理してもよいのは同じである。

整理する段になって「これは不要だったかな」と思うような内容もあるだろう。不要なメモは整理する段階で破棄すればよい。

会議の内容をメモする

会議で使える発言が出たら、日付や発言者とともにメモしておこう

会議メモの例

平成17年5月1日
○ ○企画会議
本社第1会議室
発言者：○○部長
発言内容：
△△工業は来春新製品を発表するらしい

→ ☆こちらもある程度たまったら整理する

えー　テレビ事業部の南部です。今日集まっていただいたのはほかでもないんですが……
新しい製品が来春発売されます
メモっとかないと

ゴッ
島君
どうかね
企画書の方は
進んでいるかい
DESIGN

第3章
納得させる企画書の書き方

情報が集まったら、いよいよ企画書の作成に入る。企画書はテストのように決まった解答などないが、最初はある程度道標がないと書けないだろう。ここで述べるフォーマットは絶対ではないが、まずは参考にしてほしい。

企画書作成５つのポイント―１

▼全体構成とサイズの決定

これからいよいよ企画書を作成する段階に入るが、作成前に確認しておきたい点が５つある。

◆全体構成の決定

まずは企画書全体の構成を決める。全体の構成とは、ページ数やページの割り振りといった部分だ。それを最初に考える。

企画書に決まったページ数はない。５ページ以内で終わるものもあれば、長い企画書は数百ページになることもある。それは自分が関わっている企画によって変わってくる。

一般的には、企画が大掛かりで予算も多いほど、ページ数も多くなる。１～２日程度のキャンペーン企画なら数ページで終わるが、ビルの建築計画やテーマパークの建設計画など大掛かりで億単位の予算のものは、百ページを超えてしまうものだ。

なお、一般的な商品企画書を作成するケースについては、60ページからじっくり解説している。62ページの構成例を見て、全体構成決定の参考にしてほしい。

◆サイズの決定

企画書のサイズは、普通の書類サイズと同じである。Ａ４縦サイズが使われることが多いが、Ｂ４やＢ５の場合もある。またＡ４で横サイズになることも多い。Ａ３サイズの大きな企画書が作られることもある。多くの場合は社内で規定のサイズがあり、先輩などに聞けば分かるはずだ。しかし、大事なのは内容であって、サイズではない。

◆縦書きか？　横書きか？

縦書きと横書きのどちらにするかは、社内のそれまでの様式に合わせて決めればよいだろう。パワーポイントのスライドなどは、一般的には横書きになるので、最近は横書きの企画書が多い。英文が入る場合は、横書きの方がよい。

企画書作成 5つのポイント ①

1. 全体構成の決定

○ 表　紙……………………………………………………（1ページ）

○ 概　略 …………………………………………………（1～2ページ）

○ 目　次…………………………………………………（1～数ページ）

○ 現状分析 ……………………………………………（必要に応じて）

○ 内　容 ………………………………………………（必要に応じて）

○ 費　用・コスト………………………………………（1～数ページ）

○ 売　上・利　益………………………………………（1～数ページ）

○ 責任者・担当者リスト ……………………………（1～2ページ）

2. サイズの決定

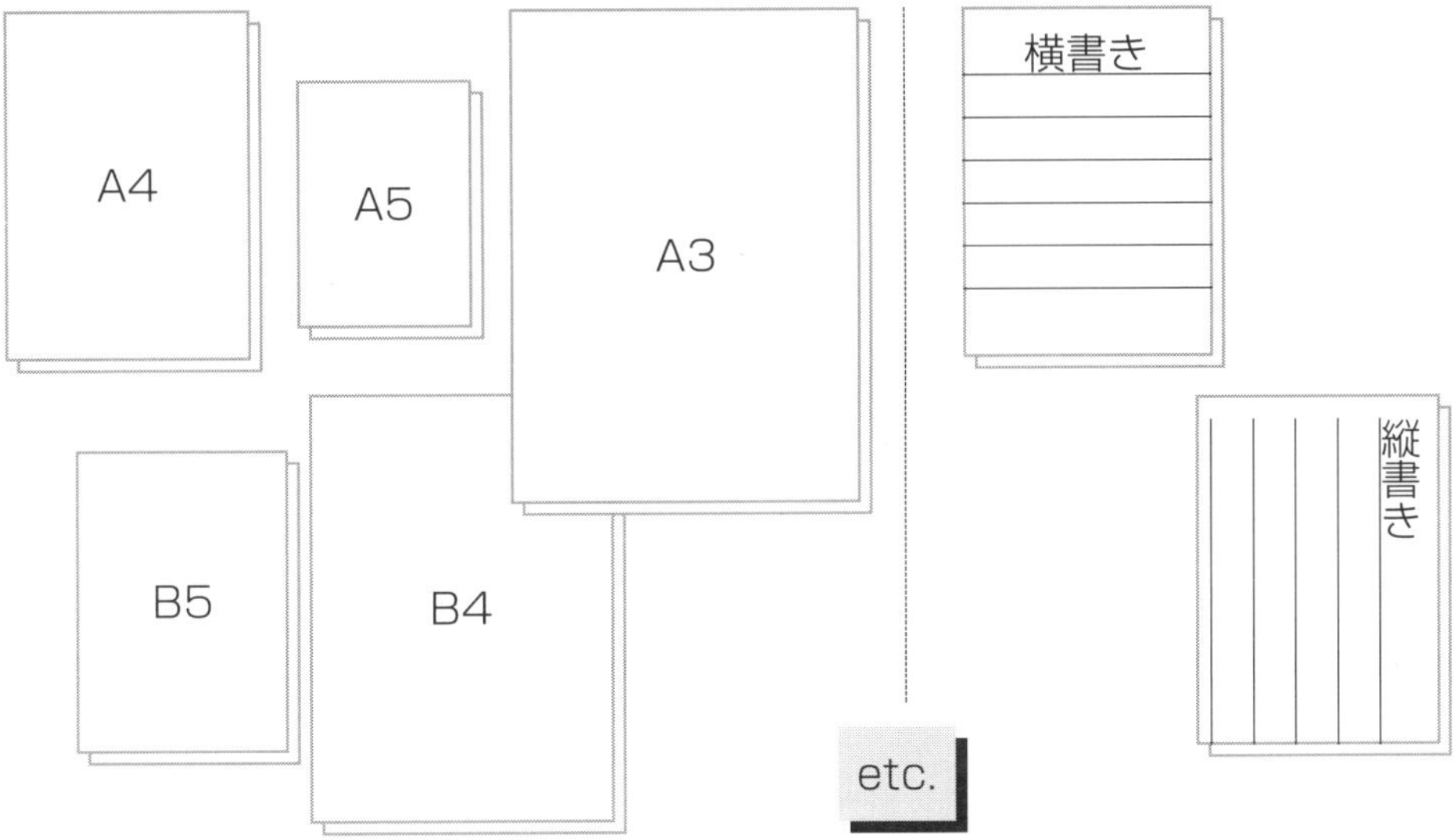
A4
A5
A3
B5
B4
横書き
縦書き
etc.

企画書作成5つのポイント――2

▼語調と装丁を決める

◆語調の決定

企画書で使用する語調を決める。一般的には「です・ます」調を使うのだが、社外向けの企画書の場合は、もう少し丁寧《ていねい》な言葉遣いをしたい。それは相手との力関係によって決めればよい。お得意先向けの場合は、丁寧語にする。

なお、それと同時に、各登場人物の敬称をどうするか考える。社外向けの場合は、自社の人物はすべて敬称なし、社外の人物はすべて肩書きや「様」や「さん」を付ける。社内向けには、自分よりも年齢や立場が上の人は肩書きや「さん」づけ。下の人間は「さん」や「君」を付ける。

なお、複数名で分担して企画書を書く場合は、語調は特に重要な要素となる。最初に語調を統一しておかないと、後で面倒なことになるからだ。長い企画書の場合は複数名で分担することも多いだろうから、語調・文体はあらかじめ決めておかなくてはならない。

◆装丁の決定

表紙やとじ方などの装丁も最初に決めておく。社内向け企画書の装丁は極めてシンプルでよい。単にプリントアウトしたものをホチキスで止めるだけでも十分だ。

社外向けの場合には、装丁は考えなくてはならない。場合によっては印刷所に持っていって、きちんとした製本をすることも必要だ。

得意先相手には腰を低く丁寧に

企画書作成5つのポイント②

3. 語調の決定

◆ 語尾の使い分け方

です・ます調	最も一般的なビジネス文書の語尾。社外でも社内でもあらゆる場面に対応できるので、分からない場合はとりあえず、これを使うのがよい。
だ・である調	やや地位の高い人が使う言葉になる。企画書を見せる相手が自分より目下の者が多い場合、企画書提出者がかなり上の地位にいる場合はこれを使う。
致します・させていただきますなど丁寧調	社外に見せる企画書で、相手がお得意先などの場合は丁寧な語尾で企画書を書く。

◆ 社内向け企画書の敬称

	自　分	目　上	目　下
つける敬称	な　し	「さん」	「さん」または「君」

◆ 社外向け企画書の敬称

	自社の人間	お得意先などの人間	その他、自社以外の人間
つける敬称	な　し	「様」	「さん」

4. 装丁の決定

装　丁	使用場面
ホッチキス止め	最も簡単で一般的な装丁。社内の場合はこれで十分。社外でも相手によってはこれでも問題はない。
クリアファイルに入れる	市販されているクリアファイルに入れることで、やや見栄えがするようになる。取引先に出す場合はこれくらいがよいだろう。
印刷所で製本	競合入札のための企画書、お得意先に持ち込む企画書などは、きちんとした製本をして見た目で差をつける。

企画書作成5つのポイント――3

▼プレゼンを想定する

企画書の作成後にプレゼンテーションをすることもある。その時にOHPなどを使用してスライドを見せる必要があるか否かは、最初に決めておくこと。

プレゼンでは、OHPなどを使用するケースが多いが、自信がなければ無理をしてまで使うことはない。自分の言葉で話すだけのプレゼンで十分だ。

◆OHPスライドなどの使用の決定

OHPを使うなら、スライドが必要となる。スライドにするものは、デジカメで撮った写真などだ。視覚的資料を使う予定ならば、その作成はどうするのか？　自分でやるのか？　自社の誰かに頼むのか？　あるいは外注するのか？　それを決めなくてはいけない。外注する場合は予算が必要になるので、上司や総務に相談して、そのための予算を組む。

それから、OHP機器を自分のプレゼン時に確保できるのか確認しておく。会社の備品は総務が管理している場合が多いので、プレゼン予定日に機器が空いているのか総務に確認する。空いていたら予約しておく。空いていなかった場合は、スライドの使用をやめるか、プレゼンの日程を変更するしかない。

またパワーポイントを使ったスライドショーのプレゼンを行うケースもある。その場合は、パワーポイントの資料は誰が作成するのかをまず決める。それから、スライドショーを実行できる機材が整っているのか確認する。スクリーンを使用するのが好ましいが、少人数ならパソコンだけでも十分だ。

なお、OHPを使ったスライドや、パワーポイントのスライドショーは、企画書を書くのが初めての者にとってはかなり難しい。最初はプレゼン用の機器は使わずに、文章と簡単な図表だけの企画書にしておいた方がいい。

企画書作成５つのポイント ③

5．OHPスライドなどの使用の決定

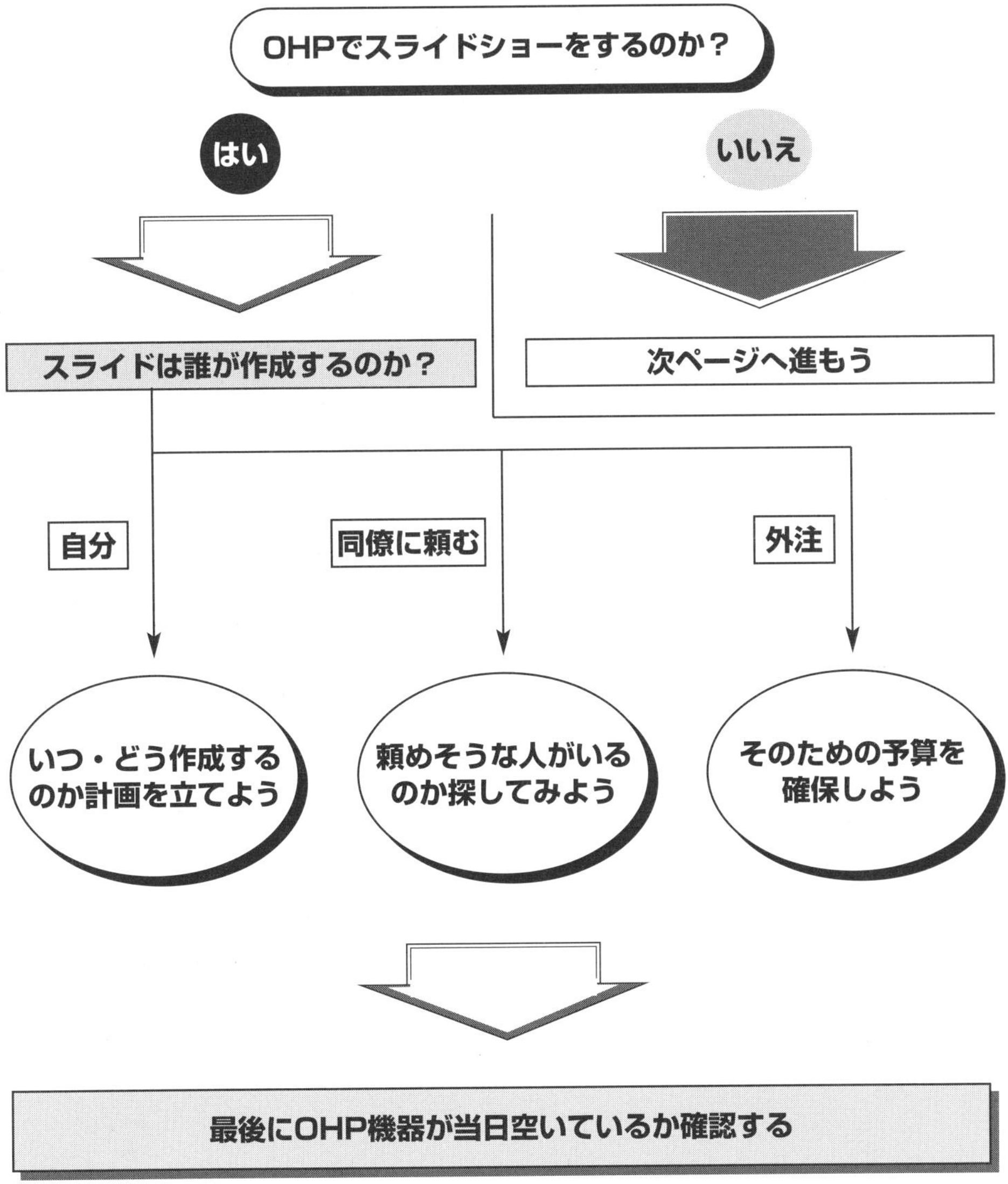
OHPでスライドショーをするのか？
はい
いいえ
スライドは誰が作成するのか？
次ページへ進もう
自分
同僚に頼む
外注
いつ・どう作成するのか計画を立てよう
頼めそうな人がいるのか探してみよう
そのための予算を確保しよう
最後にOHP機器が当日空いているか確認する

書きやすいところから書き出そう！

▼できないところで悩まない

Point

◆書く順番はない

企画書は、最初から順番に書いていく必要は全くない。自分が書きやすい部分から書いていけばよいのだ。これは試験でも同じで、「簡単な問題から解いていきましょう」と教わっただろう。

企画書作成は試験のように短い時間を決められてはいないが、まずは、やりやすい部分から始めればよい点は同じだ。

次に一般的な企画書の目次をあげておく。これを書く時も、最初から順番に「表紙」「概略」……と書いていく必要はない。特に「概略」などは、最後にまとめた方がいいからだ。「表紙」は簡単なので、ともかく自分のやりやすい部分から始めてみる。

◆前回と同じパターンもある

例えば製品の内容がすでに分かっているなら、「企画内容」の「概略」から始めてもよい。また、製品は分かっていなくても、ある程度の市場調査が終わっているなら、「現状分析」から始めてもいいだろう。企画書作成に決まった順番はないので、自分のやりやすいところから始めればよい。

また後で述べるが、一度書いた企画書は、同じ分野で再度企画書を書く時のために保管しておいた方がよい。過去の類似企画書がある場合は、それらを使いまわしできるページを先に書いてしまうのが楽だ。レイアウトなどは最初からできており、文章や数字を変えるだけでいいからだ。

まずは好きなところから……

書きやすいところから書き出そう！

◇ こういった内容の企画書でも……

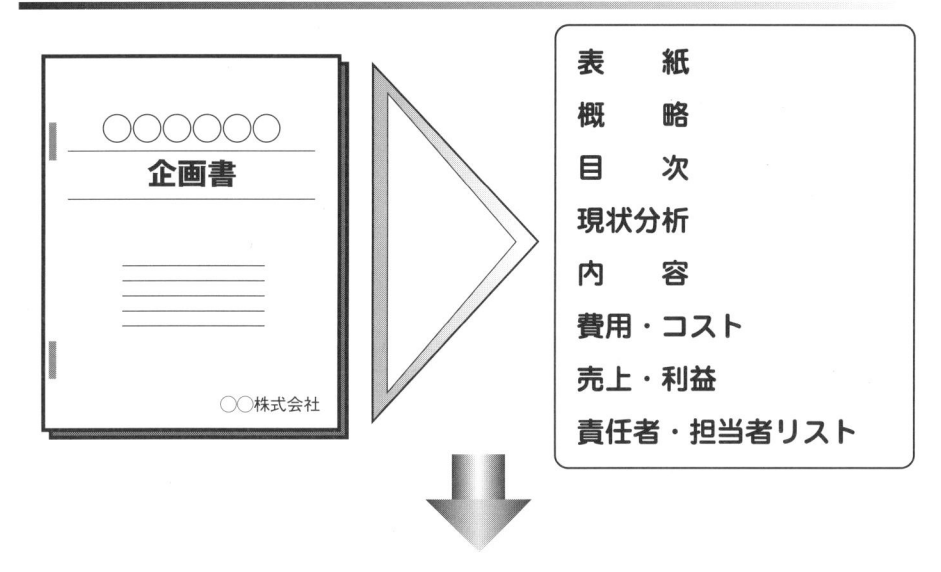

- 表　　紙
- 概　　略
- 目　　次
- 現状分析
- 内　　容
- 費用・コスト
- 売上・利益
- 責任者・担当者リスト

◇ 書く順番は、やりやすいように変えればよい

1 表　　紙	2 責任者・担当者リスト	3 内　　容	4 現状分析
5 費用・コスト	6 売上・利益	7 目　　次	8 概　　略

全体の構成を決める

▼企画書作成の第一歩

◆構成を決める

これからいよいよ企画書の作成に入っていく。まずは全体の構成を決めるところから始めないといけない。

ビジネスはひとつひとつ違うため、作成するべき企画書も違ってくる。また、各会社による決まりや習慣もあるので、ここで挙げるのはあくまで「一例」と思ってもらいたい。

企画書作成の経験がない者でも、ある程度レベルの高い企画書が書けるような例を示しておく。一般的な企画書の構成は、以下を参考にしてもらいたい。

①表紙（1ページ）
②概略（1〜2ページ）
③目次（1〜数ページ）
④現状分析（必要に応じて）
⑤内容（必要に応じて）
⑥費用・コスト（1〜数ページ）
⑦売上・利益（1〜数ページ）
⑧責任者・担当者リスト（1〜2ページ）

これが企画書としての体裁を成すためには、必要最低限の内容だ。

企画書は企画内容に合わせて、臨機応変に書き方を変えていく必要がある。それらについては第5章で詳しく述べているのでご参考に。

◆構成が分かれば企画書は怖くない

ここで①〜③はどんな企画書でもあまり変わらず、また⑥〜⑧も分量は多少違っても、内容的にはほとんど変わらない。ただ、④と⑤だけは企画書の内容・分野によって大きく変わってくる。

小さい企画のための企画書なら、⑧の担当者は自分1人になる。そして⑥の費用・コストや⑦の売上・利益も数行で済む。つまり⑥〜⑧は1枚で十分だ。

以上の全体構成を見てお分かりのように、企画書全体のページ数としては、最低で5〜6ページ、多くなると数百ページにもなる。

全体の構成

◇ 一般的な企画書の構成

❶ **表　紙**
（1ページ）

❷ **概　略**
（1～2ページ）

❸ **目　次**
（1～数ページ）

❹ **現状分析**
（必要に応じて）

❺ **内　容**
（必要に応じて）

❻ **費用・コスト**
（1～数ページ）

❼ **売上・利益**
（1～数ページ）

❽ **責任者・担当者リスト**
（1～2ページ）

表紙は企画書の顔だ！

▼シンプルかつインパクトのある表紙で勝負

企画書にとって表紙は大事な部分だ。書籍などでも同じだが、読者が表紙を見て「つまらない」と思ったら、それだけで読んでもらえなくなってしまう。シンプルだがインパクトのある表紙を作ろう。

表紙に入れる必要がある情報は、メインタイトル（表題）、宛先、日付、作成者の4つだ。あとは、必要に応じてサブタイトルを付ける。

なお、表紙は文字数が少ないので、表紙だけをパワーポイントで作成する手もある。

◆メインタイトル（表題）

メインタイトルは表紙のど真ん中の一番目立つところに大きな文字で入れる。これは「ワード」の文字サイズでいえば、24ポイントくらいの大型文字にする。表紙に入れる情報は少ないので、「○○企画書」とメインタイトルを思い切りよくデカく入れる。

◆宛先

宛先とは企画書を提出する相手の名前のことだ。これは一般的には左上に入れるのだが、メインタイトルの上辺りでもよい。宛先が社外の人間なら、会社名と個人名を肩書き入りにする。特定の会社全体に向けたものなら、「○○株式会社御中」とする。宛先は普通の文字サイズでよい。

なお、社内の不特定多数に向けた企画書なら、宛先はいらない場合もある。

◆日付と作成者名

これは右下に小さく入れるのが普通だ。社外に渡すものなら自社名と自分の名前、社内なら名前だけ記載すればよい。

サブタイトルは必要に応じて付けるのだが、インパクトのあるものだと、読む側も期待度が高くなる。できる限り目を引く面白いサブタイトルを付けよう。詳しくは110ページで述べている。

インパクトのある表紙を作る

● 製品イメージを入れた表紙

株式会社○○化粧品御中

「保湿クリーム開発・販売企画書」

つやつやで透明感のあるお肌をつくる

Night Cream

200×年○月○日
株式会社△△化学 製品開発部
課長 田中康治

● シンプルに作った表紙

株式会社○○化粧品御中

「保湿クリーム開発・販売企画書」

つやつやで
透明感のあるお肌をつくる

200×年○月○日
株式会社△△化学 製品開発部
課長 田中康治

こ、
これはいい!!

企画書の表紙はインパクトのあるものを

概略は企画の要約だ

▼企画書の内容をコンパクトにまとめる

表紙の次に来るのは、企画の概略で、企画書全体の内容を1ページにまとめたものだ。これは忙しい相手もいるので、短時間で企画の内容を頭に入れてもらうためのもの。ただし、企画書が10ページ以下の短いものなら省略してもよい。

企画の概略ページのフォーマットとしては、文章でズラズラと書くもの、箇条書きのもの、フローチャート式のものなどがある。

どういった形式にしても、最低でも現状分析、内容、費用・コスト・利益の3つの要素は入れておきたい。

◆文章で書く概略の場合

企画書全体を1ページで要約する感じでまとめればよい。全体の内容に合わせ、最初の3分の1で現状分析、次の3分の1で内容、最後の3分の1で費用・コストや利益の話をまとめる。

箇条書きの概略も、同様に3つのパートに分ける。現状分析、内容、費用やコスト・利益についてそれぞれ上・中・下段のように分け、それぞれの内容を箇条書きにする。

◆フローチャートの場合

フローチャートの場合も、文章や箇条書き形式の場合と同じ3パートに分けるやり方が基本となる。「現状分析」「内容」「費用やコスト・利益」をそれぞれボックス内にまとめ、矢印で流れを示す。

1つ目のボックスには、現状分析を入れよう。現状分析とは「現在の市場はこんな状況で、こんな問題がある」とまとめる。2つ目のボックスには「だからこういう製品を開発する必要がある」という企画内容を入れる。

そして最後のボックスでは、「するとこれだけの利益があがる」と費用・コストや利益について述べる。矢印の流れが自然に見えるように、理由付けをきちんとしておく。

概略ページのフォーマット

● フローチャートでまとめた概略

◆現状分析◆

◇市場は美白を求めている
◇今の女性は保湿クリームの性能に美白の効果も求めており、その市場は拡大するばかりである
◇我が社は保湿クリーム市場のシェアの40％を占めているが、美白ブームに対応した商品は投入していないため、他社から遅れをとっている

▼

◆商品提案◆

◇美白効果の新しい保湿クリーム
◇一番客層の広いと思われる20～30代向けの中価格帯の美肌･美白効果をうたった新しい保湿クリームの開発･販売を提案。販売戦略もその年代にストレートに伝わるようにしていく

▼

◆利益予想◆

保湿クリーム市場のシェア拡大
現在の保湿クリームの効果で購入していた人たちに加え、美肌効果に惹かれて購入する人も増えるため、シェアの拡大が見込める

● 箇条書きでまとめた概略

◆現状分析

○今の女性は保湿クリームの性能に美白の効果も求めている→市場は拡大傾向
○我が社は保湿クリーム市場のシェアの40％を占めている→商品への信頼度は高い
○美白ブームに対応した製品は投入していない→他社から遅れをとっている

◆商品提案

○一番客層の広いと思われる20～30代向けの、中価格帯の美肌・美白効果をうたった新しい保湿クリームの開発・販売を提案。販売戦略もその年代にストレートに伝わるようにしていく

◆利益予想

○現在の保湿クリームの効果で購入していた人たちに加え、美肌効果に惹かれて購入する人も増えるため、シェアの拡大が見込める

バカたれ!!
私は忙しいんだ!!
長い企画書は概略を作ってもらわないと困るよ!!

市場の現状を伝える

▼納得させるためには現状分析が不可欠だ！

企画書の中心となる「現状分析」の内容を書かなければならない。現状分析とはかなり幅が広い概念なので、一概に「これを書くべきだ」と決めつけることはできない。しかし、一般的に入れた方がよい内容は次のとおりだ。

- ◆市場（各社のシェア）
- ◆競合品
- ◆自社の類似製品
- ◆消費者のニーズや声

　これらを企画に合わせてバランス良く入れていくことが必要。

　化粧品の保湿クリームの企画書を例にとって、必要な情報について述べる。

◆市場の現状

　保湿クリーム新製品の企画書を作成することになったら、まずは化粧品全体やクリーム全体の市場についての資料を探す。これは書籍やネットから見つけたり、業界誌をチェックすれば載っている。分からなかったら、上司や先輩に相談すること。

　目当てのデータが見つかったら、それを企画書上で活用することを考える。手っ取り早いのは、その資料をコピーしたりプリントアウトしたものを企画書に添付することだ。添付する場所は、現状分析のセクションの中でもよいし、最後につけてもよい。

　あるいは、添付せずにそのままを表やグラフに入力して活用してもよい。その場合はエクセルを利用して作成する。

市場の動向を把握せよ！

現状分析

■ グラフを使った現状分析

① 保湿クリーム市場ではナンバー１の40%のシェアを占めている

② 美肌・美白効果をうたった商品の伸びがよい

③ 美肌・美白効果をうたった商品は現在未投入のため手薄

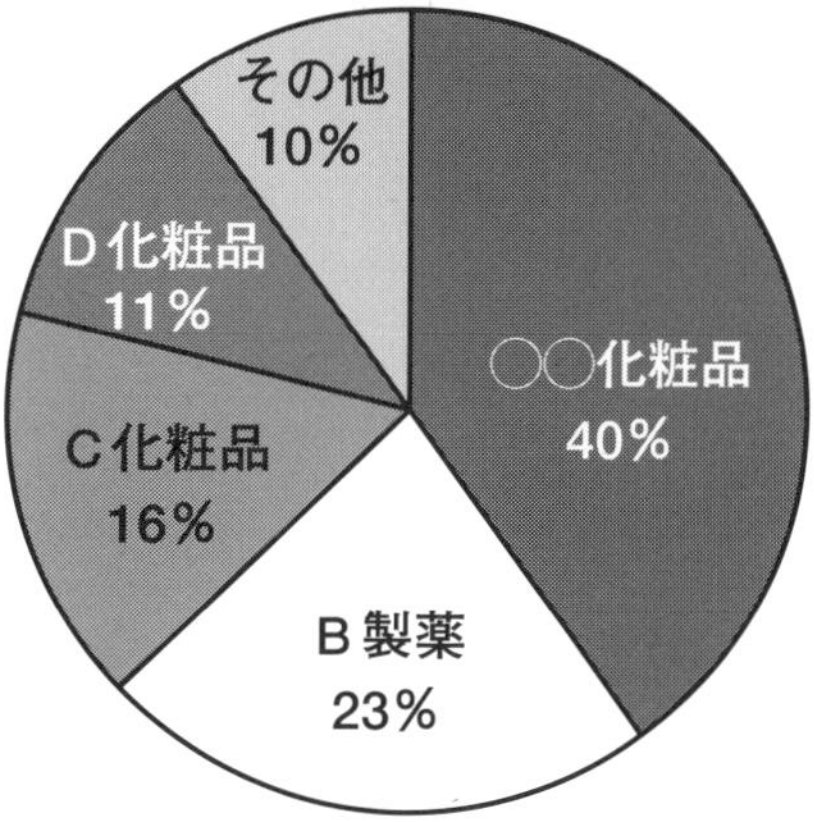
その他
10%
D化粧品
11%
○○化粧品
40%
C化粧品
16%
B製薬
23%

保湿クリームのメーカー別シェア

■ 文字中心の現状分析

◆市　場◆

◇保湿クリーム市場は美肌・美白効果をうたった商品が伸びてきている

→

◆我が社の現状◆

◇保湿クリーム市場ナンバー１のシェア（40%）

◇美肌・美白効果をうたった商品は未投入

→

◆解決策◆

◇美肌・美白効果のある保湿クリームの市場への参入

競合品を知り己を知れば百戦危うからず

▼自社製品も市場に出ればライバルになる

◆競合品のデータを載せる

現状分析には競合品のデータを入れることが不可欠だ。そのデータと企画にある新製品の性能や価格を比較することで、「どこが違うのか？」「なぜこの商品は売れるのか？」を明確にしていくのだ。

競合品とは、基本的には企画書上の新製品と用途や性能が似ていて、すでに販売されている他社の商品を指す。企画書の現状分析には、それらの名称、製造・販売している企業名、価格、自社製品との詳しい性能の違い、できれば販売数、市場シェアなどを入れておくことが必要だ。

では、それらはどうやって調べればよいのだろうか？　簡単な方法は、自分の足で調べることだ。自分の足で街の小売店を回って、現在企画している新製品と類似の製品がないか探してみる。該当製品が見つかったら、店員からカタログをもらう。ネットで競合品を探すのも有効だ。

◆自社製品も載せる

また、現状分析には競合品だけではなく、自社の類似製品も入れておくこと。これは製品数が少ない小さな企業ならあまり必要ないかもしれないが、大企業で製品数が多くなればなるほど大事となる要素だ。

新製品のライバルは他社の製品だけではない。自社の既存製品だってライバルには変わりない。新製品の価格が既存製品と比べて高くて性能が低かったら、誰も買おうとしないだろう。

自社の類似製品の場合は、調べるのは簡単だ。自社の営業でも開発でもいいので問い合わせて、類似商品のカタログをもらえばいい。これは何の問題もないだろう。また、販売数や市場シェアも分かったら営業から聞いておくこと。

他社競合品・自社類似製品を掲載する

■ 他社競合品一覧表

会社名	B製薬	C化粧品	D化粧品
製品名	ブラン	きらり	潤白
価　格	2000円	2500円	1800円
客　層	20～40代女性	30～40代女性	20～30代女性
販売個数	8万個	4万個	3.5万個

■ 自社類似製品一覧表

ブランド名	フェリシア	オークル	美星
製品名	シルキー	キューティ	潤絹
価　格	2300円	1100円	3200円
客　層	30～40代女性	10～20代女性	40～50代女性
販売個数	9万個	3.5万個	3万個

消費者のニーズや声を入れれば説得力が出てくる

▼製品を手にするのは消費者だ

◆重要な消費者のニーズ

現状分析において、消費者のニーズや声も入れられるなら入れておく。ただし消費者といっても、「友人がこんな物をほしいと言っていました」という程度のものでは弱い。もちろん友人の声も貴重な消費者の意見に違いはないが、もっと説得力のあるものがほしい。

ここで入れた方がよいものとは、消費者アンケートや統計などの確かなデータだ。ではどこからそういったデータを持ってくればよいのだろうか？　それは第2章ですでに述べた。まだ読んでいない場合は、36ページに戻ってそちらを読んでほしい。

良いデータが見つかったら、それを活用すること。ここで問題になるのは、政府のデータでなければ著作権が存在するということだ。活用する時は、サイトの管理者に問い合わせてからにすること。ただし、社内の少人数にしか見せない企画書なら、その必要はない。

◆データを企画書にする

さて、良いデータが見つかったら、どうやって企画書に組み込めばいいのだろうか？　簡単な方法は、書籍データのコピーやネットからプリントアウトしたものをそのまま添付することだ。社内に提出する企画書ならそれで十分だ。社外に提出するような企画書は、エクセルを使用して、データを表やグラフに作り直してから入れる。その場合は、データの出典元を明記しておく。

◆使ってはいけないデータ

なお、消費者の声といっても、よく雑誌や商品カタログで見かける、「この商品を使ってみました」という声や写真を集めたものは使ってはいけない。それは他社商品について述べているからという理由のほかに、その手の記事は多くの場合信憑性《しんぴょうせい》が低いからだ。

ニーズを見えるようにする

■ 美白意識調査

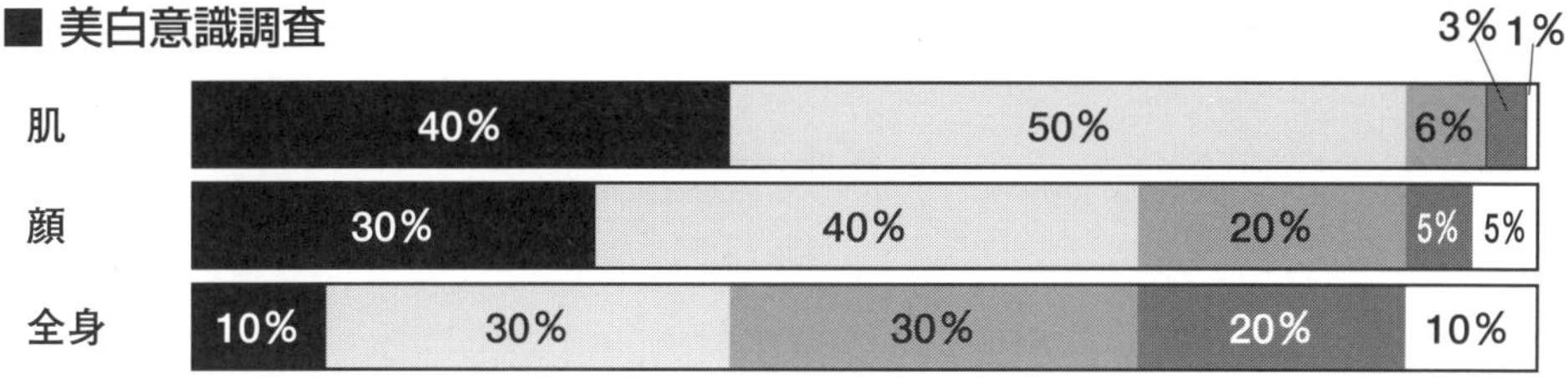
3%
1%
肌
40%
50%
6%
顔
30%
40%
20%
5%
5%
全身
10%
30%
30%
20%
10%

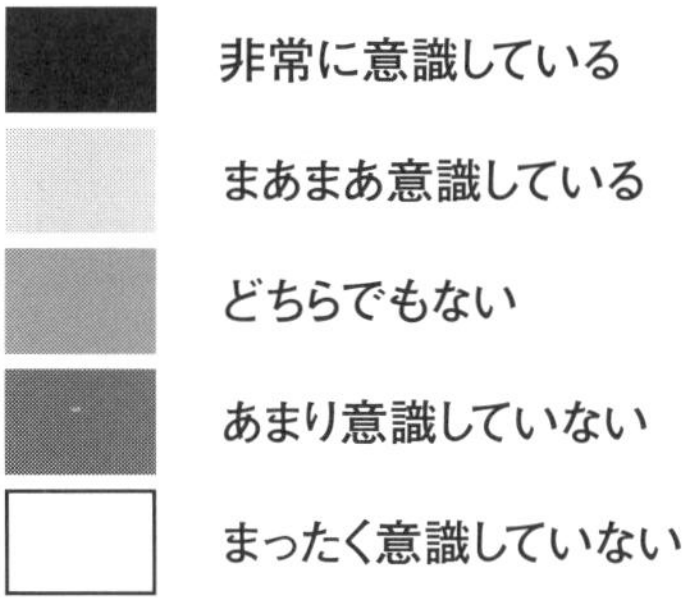
非常に意識している
まあまあ意識している
どちらでもない
あまり意識していない
まったく意識していない

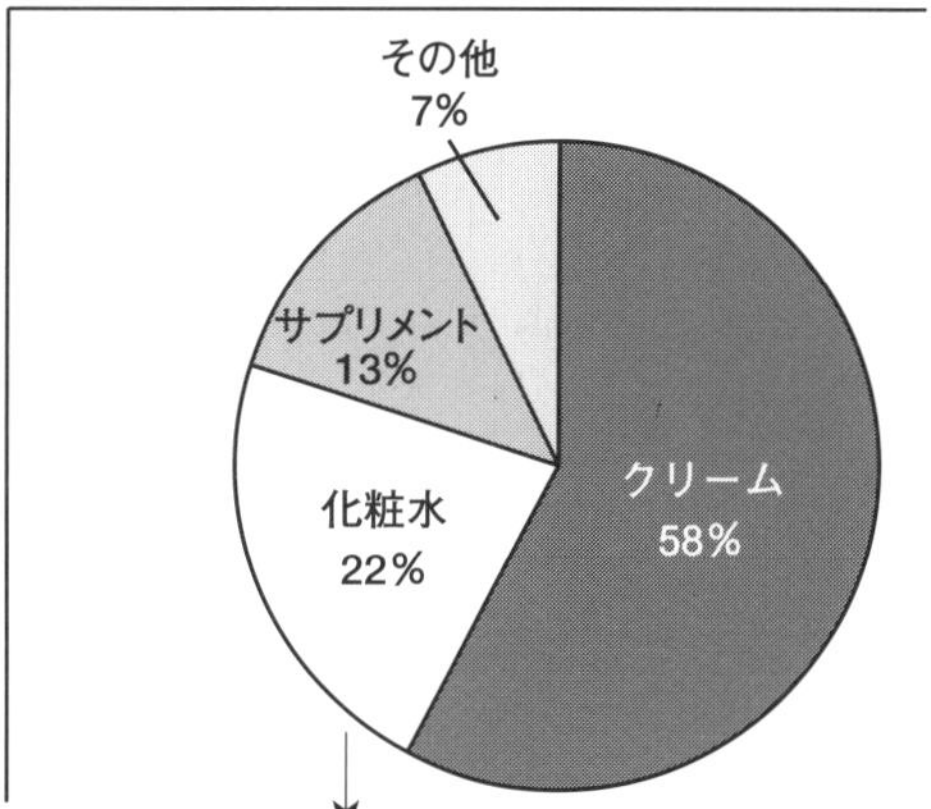
その他
7%
サプリメント
13%
化粧水
22%
クリーム
58%

肌に対する意識は高い

美白にクリームを使う人は多い

初芝は消費者に
謝罪して
誠意を示せーッ
買うな
打倒!
ハツシバ

消費者の声を聞こうとしないと、こういうことにもなりかねない

企画内容は企画書の核とも言える部分だ！

▼企画内容の良さを見せつけろ

企画内容は企画書の「核」となる、最も大事な部分だ。この部分で、自分が作る製品の良さを伝えなくてはならない。

改めて保湿クリームの例を挙げて、企画内容の部分に必要な要素を考えてみる。企画内容で最低限入れなくてはいけない内容は、以下になる。

◆製品概要
◆ターゲット
◆予定小売価格
◆予定流通経路
◆予想販売数
◆開発開始～完成・発売開始までのスケジュール

これらを詳しく解説しよう。

◆製品概要

ここは「核」である企画内容のなかでも、最も大事な部分だ。なんといっても、ここが「企画そのもの」なのだから、しっかり自分の考えている内容を伝える。

新製品開発の企画書の場合は、その製品の形状や色が分かるようにしなければならない。単にワードで文章を書くだけでは伝えるには不十分。デザインをきちんと載せる必要がある。すでに手元に試作品があるなら、それをデジカメで撮った写真を添付したり文章内に取り入れる。まだ試作品がなければ、ＣＡＤやグラフィックソフトを使用してラフデザインを作成するなど、何らかの形で見せなくてはいけない。

デザインは企画書作成者がやる必要はない。大抵の会社は、専門のデザイナーを抱えているからだ。そのデザイナーに「企画書を作成するからお願いします」と言って依頼する。デザインを外注している場合は、そこに頼めばよい。

ＣＡＤなどのソフトもない場合は、手書きでスケッチするしかない。イメージを絵にすれば、それを企画書に添付して見てもらうことができる。

ビジュアルで見せて分かりやすく

美肌・美白を追求した保湿クリーム

美肌・美白にこだわって研究開発した、
新感覚の保湿クリーム

20～30代のビジネス・ウーマン
をターゲットに設定

水分を多く含んだジェル
に近い感覚のクリームで
保湿性アップ

コエンザイムQ10、コラーゲン、ヒアルロン酸を
配合し、美肌に効果あり

これくらい製品概要で引きつけられるとよい

ターゲットを明確にしてこそ良い企画ができる

▼製品の性質を考えたターゲット設定

◆どの層を狙うのか

製品の概要ができたら、その後はターゲットや小売価格などの、他の必要な情報を入れていくことになる。

ターゲットとは、その製品を買ってもらおうとする性別や年齢層のことだ。それが明確になっていれば、販促計画や広報計画が具体的になる。

まずは、簡単なところで性別や年齢から考えてみる。保湿クリームの例に戻る。

クリームのような化粧品は普通は女性向けだ。そこで、ここでは対象を女性としておく。次は年齢層だ。クリームを買うのは、20～50代の女性が多いので、仮にターゲット層は「20～50代の女性」とする。

◆具体的に狙いを定める

それではまだ、ターゲットとしては曖昧《あいまい》だ。その保湿クリームが、どのくらいの価格のものかを考えて、ターゲットを絞り込んでみる。

1000円で売り出されるクリームなら、年齢は10～20代くらいの若い女性層がターゲットになる。しかし価格が2万～3万円のクリームなら、30代・40代以上で、所得もそれなりに高い層がターゲットになる。

また、ターゲット層の地域も考えてみる。これは、そのクリームが、どのような生活をしている人たちを対象にしているかを考えることになる。都市型（シティー・タイプ）としてもよいし、あるいは地方型（ローカル・タイプ）としてもよい。

今回の保湿クリームは価格が数千円程度になる製品なので、ターゲットは20代後半から30代前半に設定する。年齢を設定したら、ターゲットとなる女性像をさらに具体的に描いてみる。それを企画書に記載すれば、読む方もどんな層をターゲットにしているか理解できる。

メインターゲットの設定

メインターゲット像

年齢	34歳
性別	女性
職業	OL
住まい	都内の１Ｋマンション
家族	ひとり暮らし

◆ ライフスタイル

○平日は会社で仕事、たまに夜は食事や飲み会

○週末は買い物などの自分の時間

○会社勤務のため、人に会う機会が多い

◆ 消費行動

○ファッション誌やインターネットなどで情報収集

○仲間の口コミも重要な情報

○価格と同じくらい製品の質も重要

★ 設定するメインターゲット層
20代後半から30代前半の独身女性

予定小売価格はじっくり考えて決める

▼高くても、低くても企画書は通らない

◆価格設定は簡単なようで難しい

次は予定小売価格を入れる番だ。こちらについては、書くのは極めて簡単だ。「予定小売価格5000円」などと1行書けば済むからだ。しかし、それを決定するのは決して簡単なことではない。

製品の価格は、いろいろな要素を考えて決定していくものだ。どんな製品でも、1人で価格を決めることはあり得ない。中小企業の社長なら、場合によっては1人で決めてしまうこともあるだろうが、それは稀《まれ》なケースだ。

では企画書に書く価格は、どうすればいいのだろうか？　社内向けの企画書の場合は、やはり社内で価格を決めることになるだろう。価格を決めるためには、まずは製品の原価を調べることから始める。

原価が分かれば、そこからだいたいの小売価格も割り出せる。というのも、どんな製品でも「平均的な原価率」があるからだ。まずは単純に、原価を調べてから平均原価率を考えて、小売価格を割り出してみる。

◆予定価格を割り出す

例えば保湿クリームが、原価500円であったとする。化粧品の原価率は、だいたい小売価格の10～20％であるものが多い。その平均的な原価率をもとにして考えると、小売価格は2500～5000円ということになる。

製品の価格は、原価以外にもその製品の位置づけやターゲットによっても変わってくる。まずは原価から小売価格を割り出してみるのが最も一般的な方法だ。

社外向け企画書の場合は、価格はクライアント企業が決めることも多い。その場合は企画者が綿密に価格設定をする必要はない。ただ「予定小売価格2000円」など、大まかな価格設定は入れておくのが親切だ。どちらにしても、クライアント企業との密なコミュニケーションが必要。相手の要望をきちんと聞くこと。

価格はいろいろな要素を考えて決める

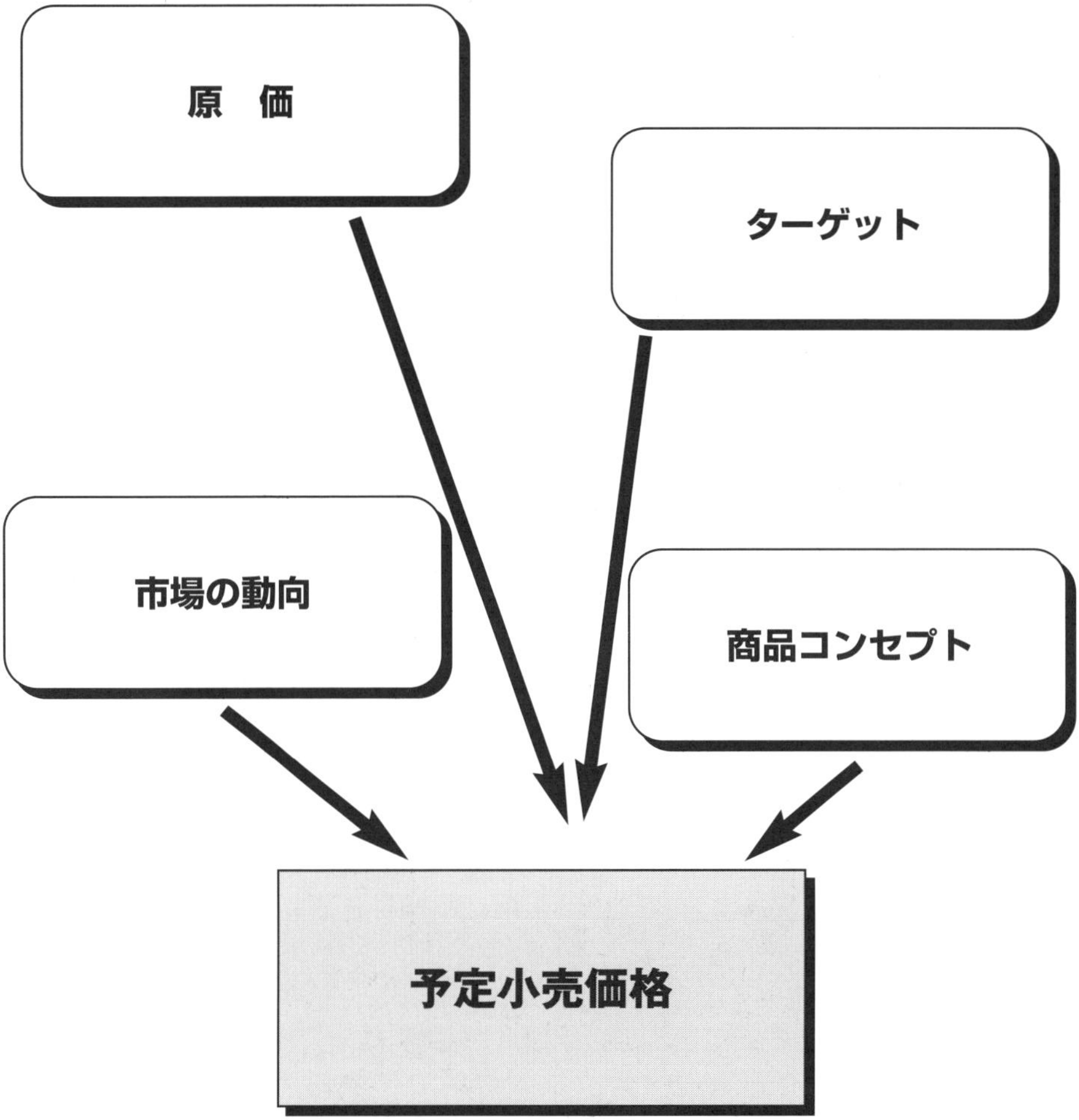

※ ただし、日本では書籍などの一部の商品を除いてほとんどは、「希望小売価格（オープン価格）」である（メーカーが小売価格を決めてはいけない）

流通経路の設定

▼予定流通経路は商品によって大きく違う

◆流通経路を決める

製品にはいろいろな流通経路が考えられるので、製品の企画書なら流通経路についても触れておくべきだ。

テレビ番組や携帯コンテンツなどではない、形ある製品の場合は、普通はメーカー↓卸売↓小売店↓エンドユーザーという経路で流通する。しかし、最近はエンドユーザーに直接販売する通販、特にネット通販が拡大しており、流通はさらに複雑化している。そして自社でショップを運営している企業も多い。

会社内外の状況を考えて、どの流通経路で販売していく製品なのか？ そのことを企画書には入れておく必要がある。製品の流通は複雑で、各企業、各製品によってひとつひとつ違う。決まったパターンなど現代の複雑化した経済ではあり得ない。

予定流通経路は、自社がそれまで開拓してきたルートによって決まることが多い。まずは他製品の実績を知った上で、企画書に書く内容を決める。

◆販売方針も一緒に設定

なお、流通経路の部分には、単に経路だけではなく、卸売や小売店に販売する価格も書いておくこと。特に社内に提出する企画書の場合は、卸売の価格は社内で決めることになる。

販売方針を決めておくことは、新製品企画にとっては大事な要素だ。例えば、定価５０００円の製品なら卸売にはその40％の２０００円で卸す、そして小売店には50％の２５００円で売ってもらうという具合だ。

社外への企画書の場合は、卸売価格はクライアント企業が決める場合もある。そういった場合は、企画書には卸売価格を入れる必要はない。ただし社外への企画書でも、自分が卸売価格を設定して記載する場合もあるので、クライアントの要望をよく聞いておく。

予定流通経路は製品によって大きく違う

■ 流通チャンネル計画　（発売後3年間分くらいの流通チャンネル計画を入れる）

	2006年度	2007年度	2008年度
小売店	20	50	100
卸　売	5	20	35
通　販	10	15	20
合　計	35	85	155

■ 2006年度販売チャンネル一覧

（流通チャンネルに予定されている主な企業はリストアップしておく）

小　売　店	通　販
▲○○ストア ▲△△マート ▲××ショップ　etc.	▲○○販売 ▲△△化粧品 etc.

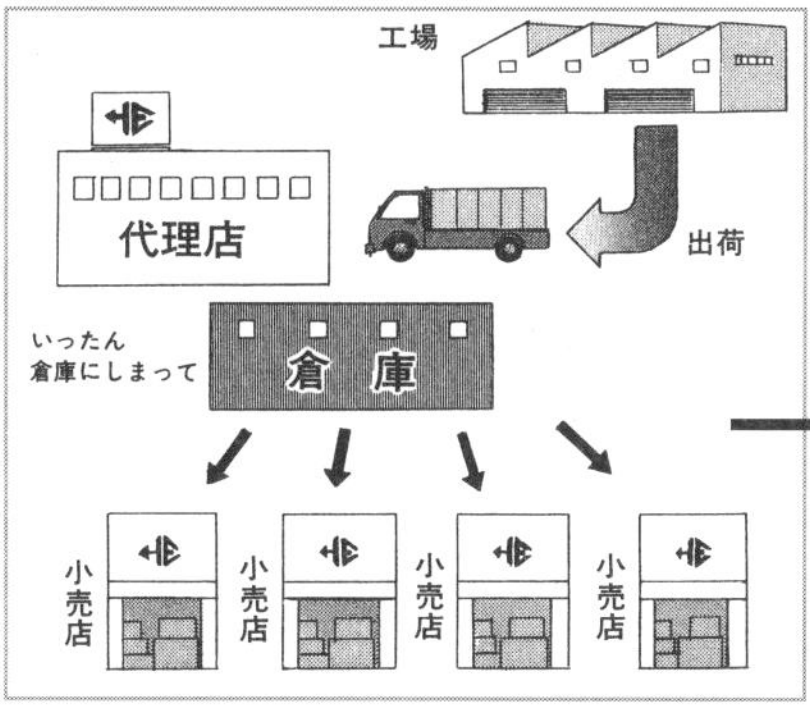
工場
出荷
代理店
いったん
倉庫にしまって
倉　庫
小売店
小売店
小売店
小売店

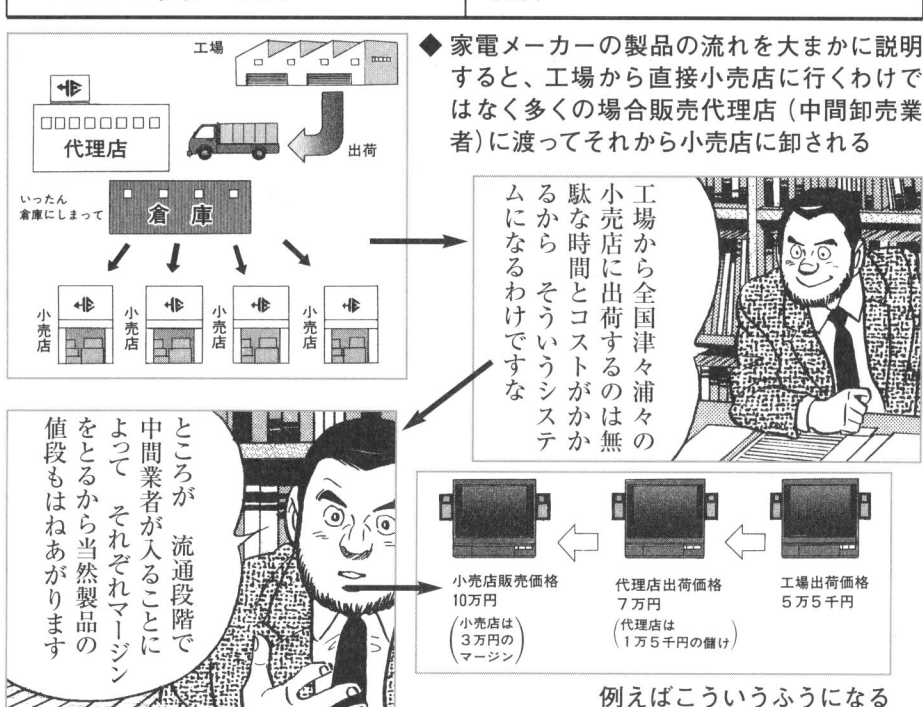

◆ 家電メーカーの製品の流れを大まかに説明すると、工場から直接小売店に行くわけではなく多くの場合販売代理店（中間卸売業者）に渡ってそれから小売店に卸される

工場から全国津々浦々の小売店に出荷するのは無駄な時間とコストがかかるから　そういうシステムになるわけですな

ところが　流通段階で中間業者が入ることによって　それぞれマージンをとるから当然製品の値段もはねあがります

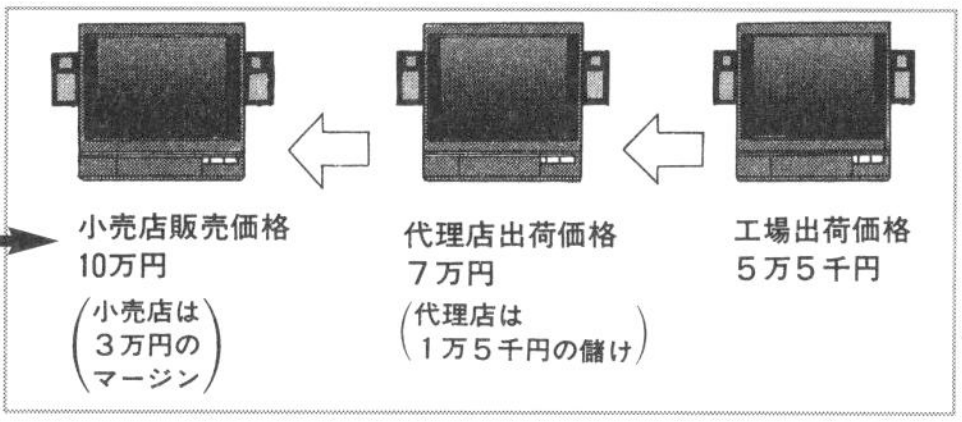
小売店販売価格
10万円
（小売店は3万円のマージン）
代理店出荷価格
7万円
（代理店は1万5千円の儲け）
工場出荷価格
5万5千円

例えばこういうふうになる

予想販売数（予想売上高）は少し多めにするのがコツだ！

▼予想が売上目標になる

◆予想売上高で売れることを示す

ここはその製品が本当に「売れる」ということを数字で伝える部分だ。予想販売数については、いつも入れるとは限らない。例えば自分が開発担当者であって、社内の営業に見せる企画書を書くような場合は、どれだけ売れるかは、営業と相談して決めることもある。そういった場合は、自分だけの判断では書けない。

とはいえ、多くの場合において企画書中の予想販売数、または予想売上高は大事な部分だ。ここではできる限り「売れる」ことを強調する。

予想販売数は、それまでの社内での実績や、その新製品の強さなどを考えて割り出すことになる。一概に「これくらいの数字がよい」と言うことはできない。

ただし、少ないよりは多い方がよいのは当然だ。企画をチェックする側は「売れる物」を待っているので、「この製品はこんなに売れますよ」ということを数字によって伝わるようにしなくてはいけない。

しかしあまりに高すぎて、実現不可能な数字にしても企画は通らない。

◆予想を目標にする

予想販売数を書く時には、「予想」ではなく「目標」のつもりで書くこと。つまり「自分たちは、これだけ売るように頑張ります」という気持ちを込めて、本来の「予想」よりもちょっとだけ多めに書くようにする。その数字によって、「これだけこの企画を真剣に実行します」という意思表示にもなるからだ。

例えば自分の予想販売数が年間10万個だったら、12万とか15万個くらいを企画書に書く。その方が「売れる商品」と思わせることができるからだ。多すぎてもよくないが、企画書を読む相手の性格によっては現実離れした目標が好まれることもある。

予想販売数は、正確な予測よりも多少多めがよい

■ 例えば「1年で10万個くらい売れるかな？」と思った製品なら

6万個〜8万個 ← これでは少なすぎるので論外

10万個 ← 正直だがちょっと寂しい

12万個〜15万個 ← これくらいにしておくのがいい

20万個 ← これは少し多いかもしれない

30万個〜50万個 ← これでは多すぎる

この展示即売会での販売実績は
全国のショールーム活動実績
となって数字に表われる

予算取りにも影響するので
皆必死になるというわけだ

キャンペーンの企画でも、
売上が上がらないと評価されない。
予想売上高は「目標」のつもりで

スケジュールは余裕を持って組もう

▼計画性のない企画は認めてもらえない

Point

◆実現可能なスケジュールを立てる

製品内容の最後は、開発開始から完成・発売開始までのスケジュール組みだ。これも企画書にはなくてはならない要素だ。

スケジュール組みそのものは、決して難しくはない。あとは、それをどのように表現するかだ。

最初に、スケジュールを立てるところから始める。製品開発のスケジュールは、数カ月で完成する製品もあれば、数年かかるものもある。それらを考えて、上司や関係部署と相談しながら大体のスケジュールを決める。

スケジュールの書き方は手帳形式のようにすればよい。カレンダーを作って、そこに進行の予定を入れていくのだ。

ここで大事なのは、スケジュールは十分余裕を持ったものを企画書に書くことだ。企画書上で7月発売予定だった製品が7月までに完成せず、9月になったとしたら、営業や小売店、はてはエンドユーザーにも迷惑がかかり、責任問題にまで発展する。

反対に発売開始が早まるのは全く問題はない。そこで、進行スケジュールはかなり余裕を持ったものを作成すること。ビジネスは関係者の多忙や様々なアクシデントのために、遅れてしまうことが多いのだ。

余裕がないとバタバタすることに……

無理のないスケジュールを立てる

● 月間スケジュール（例）

日	月	火	水	木	金	土
	1	2	3	4	5	6
	パッケージデザイン会議			スタッフ会議		
7	8	9	10	11	12	13
	←	新製品発表会準備	→	新製品発表会	キャンペーン準備	←
14	15	16	17	18	19	20
←		アピールキャンペーン			→	
	←			店舗営業強化週間	→	
21	22	23	24	25	26	27
		新製品発売				
28	29	30	31			

● 年間スケジュール（例）

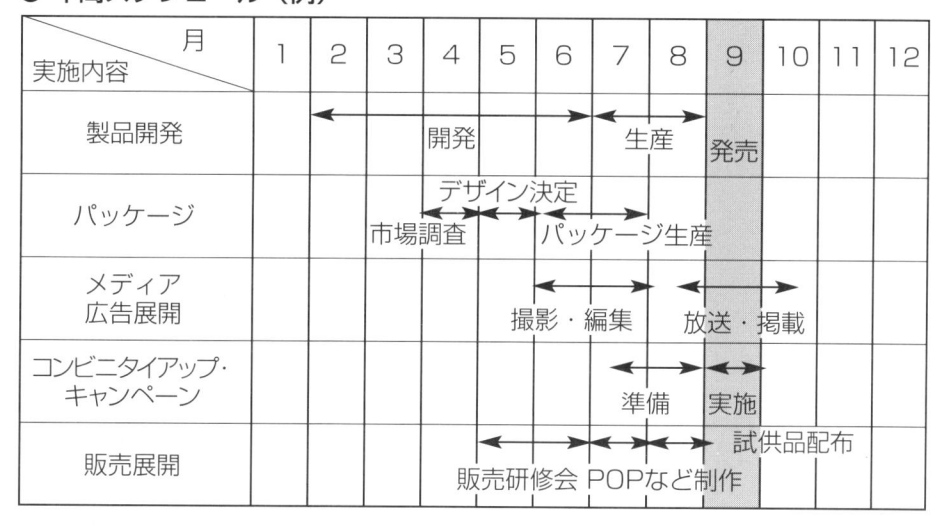

実施内容＼月	1	2	3	4	5	6	7	8	9	10	11	12
製品開発		←		開発		→	← 生産	→	発売			
パッケージ				市場調査	デザイン決定	←	パッケージ生産	→				
メディア広告展開						← 撮影・編集		→	← 放送・掲載	→		
コンビニタイアップ・キャンペーン							← 準備	→	← 実施 →			
販売展開					← 販売研修会	→	← POPなど制作	←→		試供品配布		

費用・コストはきっちりと記載する

▼通った企画は会社のお金で開発される

企画に必要な費用・コストについて明確にしておこう。会社のお金を使ってビジネスを行うのだから、大事な部分である。企画にかかる費用がいくらになるのかは極めて大事な問題だ。この部分も企画の内容によって全く変わってくる。ここで挙げるのはあくまでも一例だ。

保湿クリームの例で考えると、開発から発売までの費用・コストはだいたい以下のようになる。

◆原材料費
◆パッケージデザイン代
◆単位あたりの生産コスト（原価）
◆販促物作成費
◆広告宣伝費

では、これらをひとつひとつ解説する。ちなみに、化粧品の製造には都道府県への申請が必要なので、本来はその費用も発生するが、申請費など細かい費用はここでは簡略化のために外しておく。

◆原材料費

これは文字通りの原材料費だ。化粧品はさまざまな成分を使って製造するものだ。各原料のコストが、どれくらいなのかを明記しておく。

例えば、保湿クリームに保湿効果のある「ヒアルロン酸」という成分を使うとする。まず、ヒアルロン酸が1gあたりいくらで調達できるのかを書いておく。そして、クリーム1個製造するには何gのヒアルロン酸が必要なのかを明確にし、製品1個あたりにいくらかかるのかを書く。

ほかの成分についても同様に1gなどの単位あたりのコストと、製品1個あたりのコストについて書いておく。最後に、すべての成分についての合計額を書く。これで1個を製造するための原材料費が明記された。

原材料費が曖昧なままでは、企画を検討する側も不安だ。それでは企画が通る可能性は低くなる。

原材料費は必ず正確に調べて正しい金額を記入しておく。

原材料費はきちんと調べて表にして記入しよう

● 費用・コスト表

成　分	1gあたりの価　格	製品1個中で使う量	製品1個あたりのコスト
ヒアルロン酸	10000円	5mg	50円
成 分 A	○○○○円	△g	○○円
成 分 B	××××円	□g	××円
etc.	etc.	etc.	etc.
合　計			600円（例）

金に糸目はつけない強引にひっぱれ
5百億くらいの金なら使ってもいいぞ
何か具体的な企画でもあるのですか？

ビジネスには常に予算がある

単位あたりの生産コスト

▼多く製造すればコストは下げられる

◆単位あたりの生産コスト

今度は単位あたりの生産コストについて書く番だ。これはとても大事な数字で、単位あたりの生産コストから小売価格を決めることも多い。

製品を製造する時は、製造する個数の単位によってコストが変わってくるのが一般的だ。

例えば、１０００個製造して１００万円（１個あたり１０００円）かかったものが、５０００個なら４００万円（つまり１個あたり８００円）になり、５万個だと２５００万円（１個あたり５００円）になるということもあり得る。

一度に多く生産すれば、単位あたりの生産コストは下がることになる。１回の生産数による変化も含めて、生産コスト、つまり製造原価を明記しておく必要があるのだ。

なお、自社で生産する場合だけではなく、製品を輸入する場合でも同じ原則が当てはまる。

輸入の場合は、生産コストではなく、製品の輸入原価を計算することになる。

なお、社外向けの企画書の場合は、生産コストについてはクライアント企業に問い合わせること。場合によっては、入れなくてもいいこともある。

◆生産コストを調べる

どうやって生産コストを調べるのだろうか？　もし自分が過去に経験のある業務内容なら、だいたいの目安は分かるはずだ。あとは今回の原材料費などから計算して割り出せばよい。必要な点は、工場などの関係部署に問い合わせてみる。

全く経験のない分野で生産コストを調べる場合は大変だが、それも最初だけなので、自分ですべて調べる。分からなければ、上司や先輩、その事業の経験者に相談するのが一番だ。曖昧なままだと、後で質問された時に困るので、確認しておくことが必要。

製品企画の場合は、単位あたりの生産コストを入れよう

● 単位あたりの生産コスト

1回の生産数	総原価	1個あたりの原価
1000個	100万円	1000円
5000個	400万円	800円
5万個	2500万円	500円

生産コストはどれくらいになりますか
現状だと、だいたい400万から500万円ですかね

生産コストは工場と相談して決める場合も多い

販促物作成費〜広告宣伝費

▼販促方法が分かれば展開しやすい

◆販売促進の展開

製品を発売するにあたっては、販促物が必要になってくる。販促物作成の費用も企画書には書いておく必要がある。

販促物作成費は1回限りのものではなく、製品発売後も随時発生してくるものだ。しかし新製品の企画書では、発売時に必要な初期の販促物作成費について書くことが必要となる。

保湿クリームの企画なら、初期に必要な販促物とは、パンフレット、ＰＯＰ、提案書などだろう。

化粧品の販売にはパッケージに貼るシールが必要となる。それは全成分や製造元が書かれているものであるが、ここでは除外しておく。シールはすべての製品に貼る必要があるもので、生産コストに含まれていると考える。

パンフレットについて考えると、最初に決めるのは何部刷るかだ。ここでは１０００部として、その費用を割り出す。外注しているケースが多いので、業者に見積りをもらえばいい。パンフレット類は、ここでは40万円としておく。

同様にＰＯＰや提案書についても、最初に必要な数を決めて、その費用の見積りをもらう。そしてその金額を販促物作成費として企画書に書く。

◆広告宣伝費を決める

広告宣伝費をいくら使うかは、千差万別である。それは各企業の方針によって違うので、決まった金額は存在しない。十億単位の金を広告宣伝に使う大企業から、全く宣伝費を使わない小企業まで、いろいろである。

一般的には「売上の10〜20%」ともいわれているが、これも目安でしかなく、実際は各企業の方針によって決まる。

広告宣伝費は、自分の会社の年間予算から見合った金額を考えて書く。広報計画は、新製品発売の大事な要素である。

販促物作成費や広告宣伝費も概算に入れておく

● 初期にかかる販促物作成費

パンフレット	40万円（1000部）
POP	20万円
提案書	10万円
合　計	70万円

販促物の作成部数は、
よく考えて決めよう
ほんで
なんぼ刷ったんや
ええ？
は　はい
2万部ですが……
思わぬ予算オーバーを
生じかねないからだ

売上・利益を上げることが何よりの目的だ――1

▼卸売価格は業界によって変わる

Point

◆どれだけ売れるのか

企画書の「お金」に関する内容もようやく大詰め、売上・利益の部分にまで来た。「終わり良ければすべて良し」ではないが、最後がきちんとしていないと、企画書全体の内容がだらしなくなってしまう。最後はしっかり締める。

まず売上だが、これは「企画内容」の項目でも書いた「予想販売数」と同じようなものだ。「企画内容」で販売数を書いていたら、ここではそれに価格を掛けて、1年目の売上高の金額を出してみる。

ここで注意しなくてはいけないのが、販売数に掛ける金額は予定小売価格ではないということだ。なぜかお分かりだろうか？　それは、メーカーは製品を直接消費者に売っているわけではなく、消費者との仲介役に当たる卸売業者が取引の相手だからだ。

もちろん、直接エンドユーザーに売る戦略が中心のメーカーなら、販売数に小売価格を掛けることで予想売上高が出せる。しかし、ほとんどのメーカーはそのような販売を行っていない。卸売業者に卸しているだけのことが多い。

そこで、販売数に卸売価格を掛けて売上高を出すことになる。ここでは小売価格の40%だったので、それを掛ける。

◆卸売価格は一定ではない

なお、メーカーが卸売業者に販売する卸売価格に一定のものはない。小売価格の何%で卸すかは、業界によって変わってくるからだ。また同じ業界でも企業によって違う。

あなたが同じ製品の企画・販売に関わった経験があるなら、すでに卸値についても知っているはずだ。しかし経験がなく分からない場合は、上司や同僚に聞いてみるとよい。

企画が通れば、その企画を実行することになるので、どちらにしても、その時に聞く必要が出てくるだろう。

小売価格を100として、製造から小売までの数字が出せる

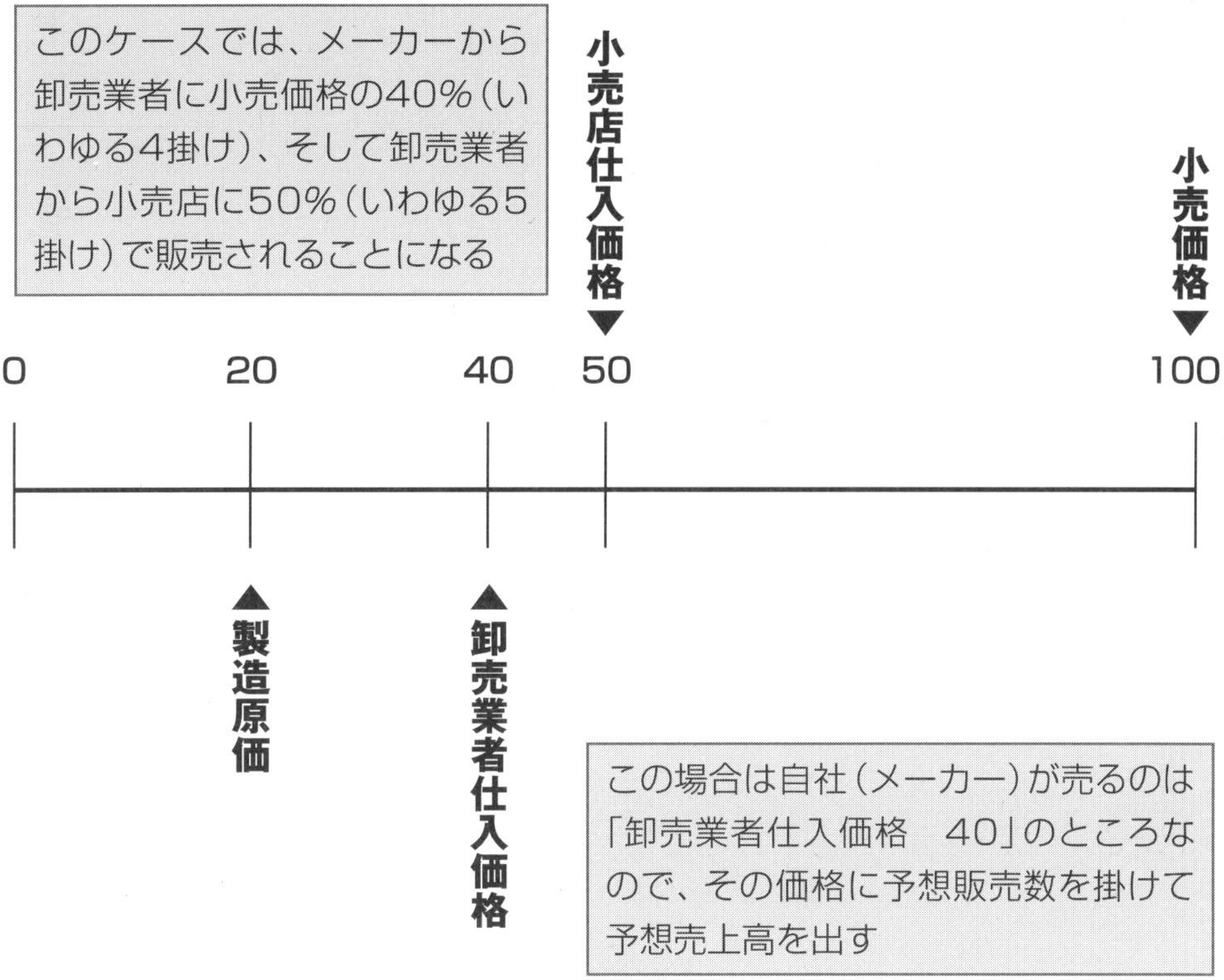
このケースでは、メーカーから
卸売業者に小売価格の40%（い
わゆる4掛け）、そして卸売業者
から小売店に50%（いわゆる5
掛け）で販売されることになる
小売店仕入価格
小売価格
0
20
40
50
100
製造原価
卸売業者仕入価格
この場合は自社（メーカー）が売るのは
「卸売業者仕入価格　40」のところな
ので、その価格に予想販売数を掛けて
予想売上高を出す

まず　最初に8月から10月期の売上実績および伸び率について
営業担当の藤堂常務から報告していただきます

売上は会社にとって、とても重要な数字だ

売上・利益を上げることが何よりの目的だ——2

▼黒字でなければ企画は成り立たない

◆予想利益を出す

年間売上のだいたいの予想が立てられたら、今度は予想売上をもとにして予想利益を出してみる。

利益の出し方は企画書上では簡単に済ませる。企画書上の数字はあくまで「予想」だ。

利益は単純な計算式としては「利益＝売上－（原価＋諸費用）」で出る。売上はすでに計算した1年目の予想売上の数字を使い、原価も「費用・コスト」で、すでに出したものを使う。そして諸費用とは、「販促物作成費・広告宣伝費」で決めた金額を当てはめる。

ではそれらの数字を計算式に当てはめて、予想利益を出してみる。いくらになっただろうか？　マイナスになってはいないだろうか？

◆黒字でなければ成立しない

まず最初に、黒字になっていることを確認しておくこと。利益を出すことが、ビジネスの絶対条件だからだ。逆に言えば、ビジネスの企画を立てている限りは、黒字にしなくてはいけない義務がある。

黒字でも、あまりにも少ない金額ではいけない。年間の利益が10万円のビジネスなどは、自分に支払われている給料を考えれば結局は赤字と同じだからだ。

ではどれくらいの黒字、つまり利益を出せばいいのだろうか？

一般的には、売上の15～20％あれば収益の出るビジネスと見なしていい。もちろん多ければ多いほどいいので、50％でも70％でもいい。金額的には、1年間に10万円や100万円程度ではビジネスとしては価値がないと言える。

◆利益率を再確認せよ

利益率は業界によってかなり変わってくる。だから、ここで述べた「売上の15～20％」という数字にはこだわらずに、自分の業界の平均的な利益率をもう一度確認する。そして自分の企画の利益率が、平均よりも上なら合格と言える。

予想される売上・利益を計算してみる

今回の保湿クリームの企画では、定価5000円の製品を40%の2000円で卸売業者に販売する。予想販売数は年間15万個とすると、1年間の予想売上は以下になる

予想売上

2000円

× 15万個

3億円

原価は1000円であるので、1個売れると利益は1000円となる。つまり1年間の利益は以下になる

予想利益

1000円

× 15万個

1億5000万円

※ なお、販売チャンネル（小売店、通販等）別に分けた売上も、作成できるなら作成しておこう

赤字になった場合の修正方法

▼あわてずに数字を見直してみる

企画書に書く利益を計算して黒字になればよいのだが、損益分岐点に到達しないこともある。赤字になった場合は修正が必要になる。赤字になってしまう原因はいくつか考えられるので、その原因をひとつひとつ正していく。利益率が10％以下と低い場合も、やはり修正が必要だと考えてよい。

◆原価が高すぎる

まず考えられる理由としては、原価が高いから販売しても利益にならず、販促費などを入れると結果として赤字になるケースだ。その場合は、生産コストを下げる方法を考えてみる。原材料費を安くしたり、生産数を増やして単位あたりの生産コストを下げられないか検討してみる。

◆価格が安すぎる

原価が適切でも、価格が低すぎて売っても利益にならないケースがある。この場合は価格を上げることを検討してみる。ただし、高くした価格で本当に売れるのか考えないとダメだ。市場の競合品と比較して、本当に競争力があるのか、もう一度確認する。

◆販売数が少なすぎる

年間の予想販売数が少ないために、利益にならないこともある。これは販促費など、初期の費用がかさんだ場合に起こるケースだ。この場合は、販売数を増やすことを考えてみる。ただし、自社の営業力を考えて、達成不可能な数字にしてはいけない。

◆販促費がかかりすぎる

これは初期の販促物作成費や、広告宣伝費が多すぎるケースだ。この場合は、販促費を削ることを考えて、どうしても必要な費用だけ残しておく。以上のような理由を修正して、黒字になればＯＫだ。

赤字になる原因は？

赤字になる原因

- ◆ 原価が高すぎる
- ◆ 価格が安すぎる
- ◆ 販売数が少なすぎる
- ◆ 販促費がかかりすぎる

⇒ あらゆる側面から原因を突き止め、黒字化を目指す

成　功 → 企画書の完成・提出

失　敗 → さらなる見直し

数字が合わないと何度もやり直すことになる

最後に責任者・担当者リストを入れる

▼どれだけの人が企画に関わるのか

Point

◆企画には多くの人が関わる

「売上・利益」まで作成できたら、最後にはこの企画に関わっている人たちの一覧をまとめる。

担当者リストの作成は難しいことではない。保湿クリームの例なら、まず企画者である自分、それからパッケージのデザイナー、販促物類の作成担当者、工場の生産担当者、などを列記すればいい。そのほかにも、シールの外注先をはじめとする外注企業一覧を載せておくとよい。

担当者リストを書く時に、気をつけることは敬称である。自分よりも目上の人なら「さん」や肩書きを付けて、目下や対等の人間なら敬称略でよい。ただし、こういったものも各企業の慣習によって変わるので、自分の会社のやり方を確認すること。

◆あまりにも多い場合はまとめる

企画によっては、責任者・担当者の数が数百人になってしまうものもある。テーマパークの建設など、規模の大きい企画だと担当者は膨大な数になる。その場合は、担当者リストは会社の組織図のような形で作成するのがよい。企画に関わる企業や部署の名前を組織図にして描き、各部署の責任者名を明記する。

なお作成はワードで書いてもいいし、エクセルでもよい。フローチャート式の組織図などは、パワーポイントを使用すると作成しやすい場合が多い。

企画は責任の所在を明確に!

企画に関わるのは1人だけではない

表にした場合

	責任者	担　当　者
商品開発	開発部　○○部長	開発部　○○○○
		○○○○
		○○○○
パッケージ	開発部　○○部長	開発部　○○○○
		外注　○○デザイン事務所
メディア広告展開	広告部　○○部長	広告部　○○○○
		外注　○○プランニング
		○○○○氏
		○○印刷
販売展開	マーケティング部　○○部長	マーケティング部　○○○○
		外注　○○デザイン事務所

組織図にした場合

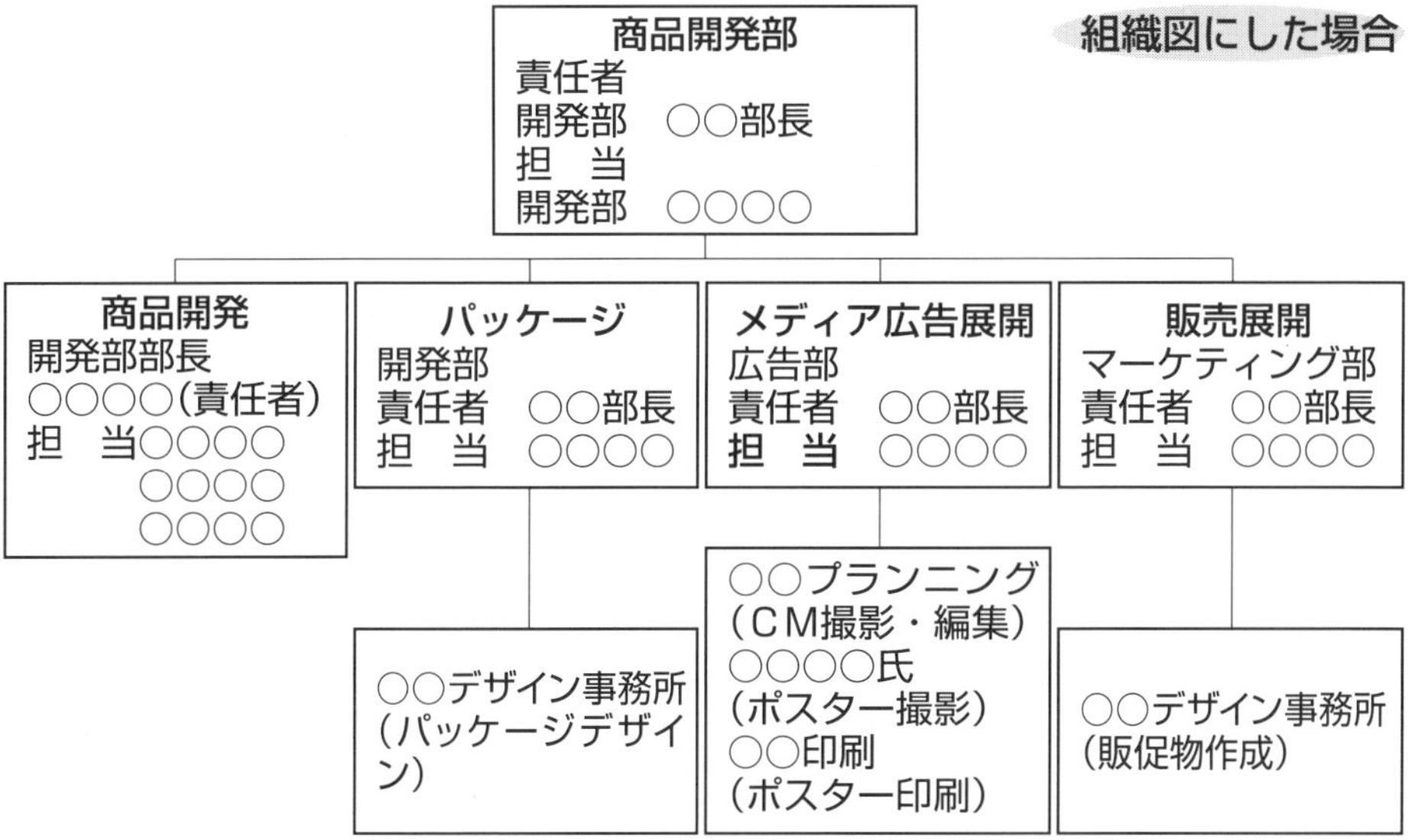
商品開発部
責任者
開発部　○○部長
担　当
開発部　○○○○
商品開発
開発部部長
○○○○（責任者）
担　当○○○○
○○○○
○○○○
パッケージ
開発部
責任者　○○部長
担　当　○○○○
メディア広告展開
広告部
責任者　○○部長
担　当　○○○○
販売展開
マーケティング部
責任者　○○部長
担　当　○○○○
○○デザイン事務所
（パッケージデザイン）
○○プランニング
（CM撮影・編集）
○○○○氏
（ポスター撮影）
○○印刷
（ポスター印刷）
○○デザイン事務所
（販促物作成）

最後に校正を忘れずに

▼ささいなミスが企画書の質を落とす

Point

◆最後まで気を抜いてはいけない

以上で企画書のすべてのパートを書き終えたことになるが、文章を書いたら必ず校正をかけなくてはいけない。企画書の校正とは、単に誤字・脱字の修正をするだけではない。数字の計算間違いなど、総合的なミスをチェックしておく必要がある。

誤字・脱字があったら企画書として不完全なので、まずは文字校正を念入りにすることだ。ワードには「文章校正」の機能が付いているのでそれを活用してもよいのだが、それだけでは不十分だ。

企画書の校正は自分の目で、プリントアウトしたものを校正する。この段階で誤字・脱字以外の部分、特に以下の項目についても間違いがないか、見直すことが必要となる。

◆費用・コスト～売上・利益

これは各項目の作成時にもチェックしたはずだが、改めて間違いがないか確認する。金額の桁数《けたすう》は合っているか？　計算間違いがないか？　利益は出るのか？　などが要確認事項だ。

◆スケジュール

スケジュールを改めて見直して、無理のないものかチェックすること。自分一人で進める企画ならよいが、そうでない場合は他人のスケジュールも明確にしておくこと。確認せずに企画を進めたらその人に迷惑がかかる。

◆名前・肩書き・敬称

企画書上に書かれている人名や、肩書きに間違いがないかチェックする。

敬称もふさわしいものか見直しておく。敬称については56ページで詳しく解説している。

それから各人物の所属部署についても、正しいかどうか改めて確認すること。社外の人物の場合は、会社名について確かめるのを忘れずに。

郵便はがき

お手数ですが、
50円切手を
おはりください。

1 5 1 - 0 0 5 1

東京都渋谷区千駄ヶ谷 4 - 9 - 7

(株) 幻冬舎

「知識ゼロからの企画書の書き方」係行

ご住所 〒□□□-□□□□ Tel. (　　-　　-　　) Fax. (　　-　　-　　)			
お名前	ご職業		男
	生年月日　　年　　月　　日		女
eメールアドレス：			
購読している新聞	購読している雑誌	お好きな作家	

◎本書をお買い上げいただき、誠にありがとうございました。
質問にお答えいただけたら幸いです。

◆「知識ゼロからの企画書の書き方」をお求めになった動機は？

① 書店で見て ② 新聞で見て ③ 雑誌で見て
④ 案内書を見て ⑤ 知人にすすめられて
⑥ プレゼントされて ⑦ その他（ ）

◆本書のご感想をお書きください。

今後、弊社のご案内をお送りしてもよろしいですか。

（ はい・いいえ ）

ご記入いただきました個人情報については、許可なく他の目的で使用することはありません。

ご協力ありがとうございました。

企画書を書いたら校正すること

◆ 校正のポイント

■ 全　体

○ パソコン上だけではなく、プリントアウトして校正する
○ できればデータ上と紙の両方で校正する
○ 表やグラフが中途半端に改ページされていないか？
○ 文章が変なところで区切れていないか？

■ 費用・コスト〜売上・利益

○ 金額の桁数は合っているか？
○ 計算間違いがないか？
○ 利益は出るのか？

■ スケジュール

○ スケジュールに無理はないか？
○ 自分以外の関係者にとっても無理がないか？
○ 発売時期は適当か？

■ 名前・肩書き・敬称

○ 個人名の間違いはないか？
○ 企業名の間違いはないか？
○ 肩書きは間違えていないか？
○ 敬称の使い方は正しいか？

書いた企画書はきちんと製本しよう

▼状況に合った製本方法を選ぶ

Point

◆見栄えを良くする製本

ここまで企画書を書いてきたが、実はまだ終わっていない。最後に企画書を製本する作業が残っている。

ワードやエクセルで企画書全体を書き終えたら、それを一通りプリントアウトしてみる。そして全体の出来を見直す。この段階で、少しでもおかしい点があったら修正すること。例えば、エクセルの表が大きすぎて、１枚では印刷できなかった場合などだ。

もう修正する箇所もなく問題もないようだったら、それらを製本する作業に入る。製本といっても難しいことではなく、単にホチキスで止めればいいだけだ。Ａ４で縦の場合は、最も一般的なのは左上をホチキスで止めるやり方だ。

また、左上１カ所ではなく、左側の２カ所または３カ所を止める場合も多い。この方が、全体的にしっかりして外れにくい製本になる。

枚数の少ないものなら家庭用サイズのホチキスでも十分だが、数十枚程度になると、それでは止められない。業務用の少し大きいサイズのホチキスを利用することになる。

◆ホチキスだけが製本ではない

ホチキスで止める以外には、クリアファイルに入れる方法もある。ただし、クリアファイルを企画書の部数だけ揃えなくてはならない。費用としては微々たるものだが、多少手間がかかる。

なお、社外に提出する企画書や数百ページにもなる大掛かりな企画書の場合は、印刷所で本格的に製本してもらうこともある。その場合はＤＴＰソフトを使って企画書を作成しなければならず、作成自体も大掛かりになることが多い。

書いた企画書はきちんと製本しよう

◆ 製本はシンプルにホチキスで止めることが多い

●このように左上を止めるやり方がオーソドックス

●もう少し頑丈にしたければ、左側の2〜3カ所を止めてもよい

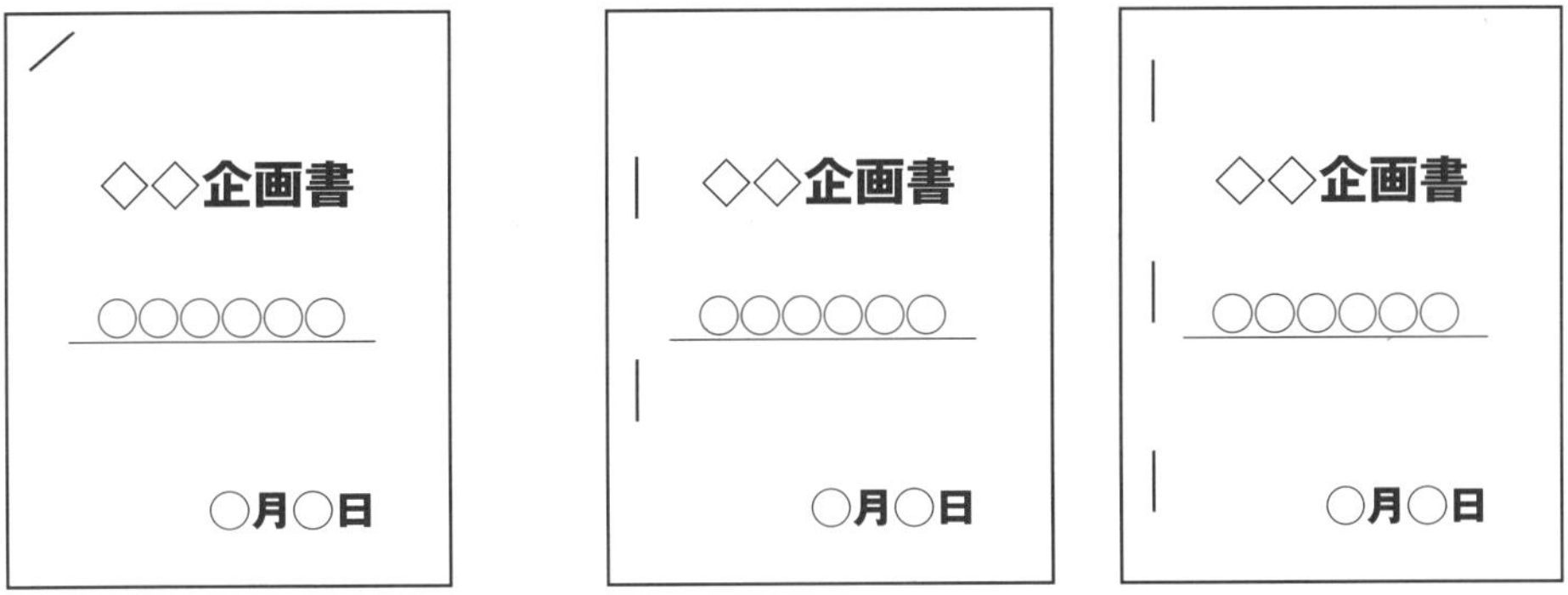
◇◇企画書
○○○○○○
○月○日
◇◇企画書
○○○○○○
○月○日
◇◇企画書
○○○○○○
○月○日

あ　島君！
印刷所で製本してくれ
分かりました
手配しておきます

メールで企画書を提出することもある

▼相手のことを考えた企画書の提出を

◆メールで企画書の提出

企画書は、いつもプリントアウトして製本するとは限らない。ＩＴが発達した現代では、メールで企画書を提出することも多い。

メールで提出するケースとしては、依頼者からそう頼まれた場合もあるし、相手と相談してメールにすることもある。提出先が遠方で直接手渡しするのが難しく、なおかつ製本して郵送するほどの必要がない場合だ。

メールで提出するなら、ファイルはなるべく1つにまとめた方がいい。ワードならワードだけ、パワーポイントならパワーポイントファイルだけにする。

やむを得ず複数ファイルにする場合は、それぞれのファイルをページ面で離しておいた方が面倒がない。つまり、1ページ目はワード、2ページ目はエクセルなど、複数のファイルが近くのページで交ざっている形式にはしない方がいいということだ。

ワードは前半、エクセルは後半など、別形式のファイルはページ上でもきっちり分けておくこと。

◆ファイルはまとめる

複数ファイルを1つにまとめる方法としては、ＰＤＦファイルにする方法がある。ＰＤＦはネット上で公開されている多くのデータにも使用されている形式だ。ＰＤＦファイルにまとめてからメールで送信すれば、すっきり1つのファイルで送れる。

ＰＤＦ形式の優れたところは、ワードやエクセルといったいろいろな形式のデータを全部まとめて変換して1つのファイルにできる点だ。複数のソフトで作成したデータをまとめられて便利だ。

そして、対応しているＯＳの種類も多く、ウインドウズでもマックでも、その他のＯＳでも読むことができる。ＰＤＦファイルの作成には「Adobe Acrobat」シリーズのソフトが必要だが、あるならぜひ活用する。

メール提出のケースとポイント

■ **メールで企画書を提出するケース**

- 依頼者から頼まれた
- 提出先が遠方なので、直接渡すのが難しい
- プレゼンがないので、企画書を渡すだけで済む
- カラープリンターがないので、データで渡した方が画像がカラー付きで見られる

etc.

■ **メールで企画書を提出する時のポイント**

- 相手に確認を取ってから送る
- アドレスを間違えない
- なるべく1つのファイルにして送る
- 容量の大きいファイル（パワーポイントなど）は相手に断ってから
- 場合によっては圧縮して送る

あの企画書
メールで先方に
送っておいてくれ
ないか
はい

一度書いた企画書は何度でも使え！

▼書いた企画書は自分の財産

◆企画書は捨ててはいけない

これでようやく企画書が完成したわけだが、この企画書は今回だけ使用するわけではない。今後また企画書を書く時に、それまでに書いた企画書をフル活用させるのだ。

一度書いた企画書は、捨てずにきちんとデータとしてパソコンに残しておくこと。保存しておいたデータは、次回、同じ分野の企画書を書く時にフォーマットとしてそのまま使用できるからだ。もちろん、同じ分野でなくても使える部分は必ずある。

例えば「費用・コスト」や「売上・利益」の項目などは、数字さえ変えれば、ほかの企画書にそのまま使いまわしができる。また「スケジュール」も、カレンダーの図版を作成していれば、それは別の企画書でも、そのまま使用することができるのだ。

◆同じような部分が必ずある

過去の企画書を利用することによって、次回、企画書を書く時の時間を大幅に短縮することができる。ただし、最初に書いた企画書に上書きしてはいけない。最初の企画書も保存しておく価値はあるので、そのまま上書きせずにコピーを作成してから必要な部分を変更していくこと。

次回に書く企画書が全く違うタイプならば最初から作成するわけだが、それもまた保存しておけば、さらに次の回に利用できる。これで手元には2タイプの企画書が残ったはずだ。企画書フォーマットのストックを増やしていけば、どんどん楽になる。

なお、企画書を保管しておくのは、何も自分のためだけではない。今、自分がやっている業務は、必ずいつかは誰かが引き継ぐことになる。その時に企画書のフォーマットも渡せば、スムーズな引き継ぎができるだろう。自分が昇進した後に、同じ業務をやる部下に渡すのもいい。

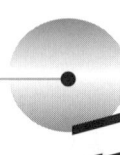

一度作成した企画書の再利用法

項　目	再利用のコツ
現状分析	● 後日使える資料やデータはそのまま使う ● 競合品データは、使えるものは再利用する ● 自社の類似製品データは再利用する
企画内容	● 予定流通経路の表などは再利用する ● スケジュールのフォーマットはまた使う
費用・コスト 売上・利益	● 図版・表などのフォーマットは再利用して、数字だけを変える
担当者リスト	● 一覧表のフォーマットは再利用する

島君　残念ながら今回の企画書は通らなかった
だが　この企画書は取っておいて次に活かしてくれ

今度のは絶対通してみせます
リサーチから計画まですべて念入りにやりましたから

そうか！がんばってくれよ！

第4章
相手を動かす企画書の作り方

ある程度企画書を書くことに慣れたら、
もうちょっとレベルの高い企画書を
書くことを考えてみよう。
そして企画書を通す確率を上げていくことを
目指そう。
目標は常に高く。

引きつけるネーミングを考えよ

▼ネーミングのインパクトは大きい

◆ネーミングは重要要素

企画書を書くということは、何らかの新しい製品やサービスを考えているということだ。そしてその製品が売れるかどうかは、ネーミングによって左右されるところが大きい。

では、良いネーミング、見る人を引きつけるネーミングとはどのようなものだろうか？

まず大事なことは「分かりやすい」ことだ。その名前を見て製品のことがすぐ分かるような名前がよい。

例えば「写ルンです」というインスタントカメラが大ヒットしたが、これも単純で分かりやすいネーミングがヒットの要因となったのは間違いない。

またネーミングにおいて大事なことは、インパクトの強い名前をつけることだ。前述の「写ルンです」もかなり面白くてインパクトが大きい。これが単なる「インスタントカメラ」だったら、その企画書は通らなかったかもしれない。

◆読み手が見たくなるタイトル

そして、企画書自体の表紙に入れるタイトルも重要だ。これは企画書自体のネーミングであるとも言える。表紙には、読み手がページを開きたくなるようなタイトルを付けなくてはならない。そのためには、「○○製品企画書」とメインタイトルを付けるだけではなく、サブタイトルを面白くすることを考えてみる。

メインタイトルは必要以上に長く付けてはいけない。「○○製品企画書」のように、ズバリ書けばよい。ではサブタイトルは？　サブタイトルには、その製品がいかにすごくて売れる要素を秘めているかを書く。「驚くべき新機能が追加！」や「話題の○○が携帯コンテンツで登場」など、まずは見た人が「もっと詳しく知りたい」と思うようなサブタイトルを考えてみる。

見る人を引きつけるネーミングとは？

製品のネーミング

- 内容が分かりやすい
- 長すぎない
- 覚えやすい
- 専門用語が入っていない

企画書のサブタイトル

- 読み手の興味を引く
- この企画は、ほかとは違うと思わせる
- 内容がある程度分かる
- 斬新である

タイトルもインパクトが重要

レイアウトはすっきり読みやすく

▼見にくいものは印象が悪い

企画書を書く時には、読み手が読みやすいようなレイアウトにしなくてはいけない。小さい文字が改行なしでズラズラと並んでいては、読む方も読みたくなくなるもの。

◆文字はやや大きめに

企画書の文字は多少大きめの方が読みやすい。とはいえ、製品説明のページなどは、文字を大きくすると情報が入りきらない。製品説明文のような多くの文章を入れるページは、ワードの文字サイズで11〜12程度。コストや利益のページは数字主体なので、少し大きい文字ですっきりとさせた方がよい。

◆改行を入れる

改行なしでズラズラ並んだ文章は、読む前に嫌気がさしてしまう。文章は数行ごとに改行を入れ、ある程度まとまったら1行空けて段落を変えること。

◆強調線や太字を使う

企画書の中で強調したい箇所は、下線や太字などを使って目立たせる。また、文字サイズをその部分だけ大きくするという方法もある。まずは一番主張したいところを、目立たせてみる。

◆必要以上に難しい言葉を使わない

これも大事なことだ。企画書は文学作品ではない。普段使わないような日本語を使う必要はない。分かりやすく誰でも読めるような言葉で説明すること。専門用語も必要以上に入れないようにする。

◆色付きにする

目立たせて強調したい部分を赤文字や青文字にすれば、そこがよく引き立ってプラスの効果が出る。

エクセルの表なら、目立たせたい行や列に色を入れる方法もある。ただし、無意味に色ばかりつけていては、かえって不快な印象を与えるだけで、マイナスの効果しか生まれない。

レイアウトはすっきり読みやすく

■ 文字はやや大きめに

小さい文字では読みにくい

やや大きめの文字がよい

大きい文字なら、文章ではなく図版・画像主体で

■ カラーの使い方例

文章を書く時は、目立たせたい部分を色付き文字にするのがよい

■ 強調線や太字を使う

強調したい部分は、強調線や**太字**で目立たせよう

■ 改行を入れる

ズラズラと改行なしに並んだ文章は読む気をなくさせる。ずっとそんなページばかりでは企画書は読んでもらえない。それでは企画書は通らない

★また、エクセルの表なら特定の行や列を色で塗りつぶすのもよい

「これは売れる!」と思わせるためには――1

▼製品が良ければ納得する

企画書は読む人に、「これは売れる!」と思わせないと通らない。では、どうしたら「これは売れる!」と思わせることができるのだろうか? こうと決まった解答はない。どういう製品が「売れる」と思うかは、人によって、あるいは業界によって全く変わってくるからだ。

しかし、「これは売れる!」と思わせる方法のうち、いくつかの例を挙げてみる。

◆製品自体が、すごい物である

これは一番シンプルかつ説得力がある。製品が斬新でみんながほしがるような物であれば、小手先のテクニックを使わなくても、企画書を読んだ人は「これは売れる!」と思うだろう。

これで企画書を通すことができれば、それに越したことはない。

◆ヒット商品をまねた物である

すでに市場に出ているヒット商品をまねて企画した製品なら、ある程度の売上は計算できるかもしれない。ただしこれは、あくまで会社がそういうビジネスを許可するならOKだという話だ。まねを嫌う会社なら、この方法、この企画はできない。

模倣《もほう》製品を作るなら、社内で説明する時には堂々と「まねです」と言ってしまった方がいい。そして「だから売れるんです」とはっきり言う。

ただし、企画書上には書かないこと。

これは売れると思わせることが大切

「これは売れる！」と思わせる製品とは？

すごい製品の例

- これまで市場になかった新製品
- とても便利な製品
- 本当に面白いと思う本や番組企画
- デザインが消費者を引きつけるもの
- 市場価格よりかなり安い製品
- 値段が高くて質も高い高級品

etc.

ヒット商品の模倣製品で売る

- ヒット商品と類似機能
- ベストセラー本と類似内容

etc.

※ ただし、企画書には「まねです」と書かないこと

これがその新製品でして……品番はＨＡ－29Ｗ３Ｄ立体テレビです

これくらいすごい製品だと企画は通りやすい

「これは売れる!」と思わせるためには――2

▼消費者のニーズに合わせる

製品の良さで売れることを説得できれば一番よいが、製品にそこまでの力がない場合は、文章やデータで説得することになる。その場合は以下のような方法がある。

◆消費者の心理を深く分析する

製品を購入するのは消費者だ。消費者に「これを買いたい!」と思わせるようなものならいいわけだ。

そのためには「今、消費者はこんな物を買いたがっている」とデータや資料で示せばよい。ネットや書籍などから多くのデータを集めて、その中から消費者の「これを買いたい!」が分かる資料を選んで企画書に入れる。

◆世の中のブームに乗る

製品自体が驚くようなものでなくても、社会のブームにうまく乗れば売れることが多い。例えば、オリンピック開催中にはオリンピック関連の製品が売れる。ワールドカップ開催中ならワールドカップ関連のグッズが売れ筋になる。世の中のブームに乗った企画だということを説明してみる。

企画書上でそれを説明するには、世の中のトレンドを説明した資料やデータを見せるとよい。オリンピックなら、「日本人の何%がオリンピックに関心を持っている」というデータを示してみるのも方法だ。また、ドラマなどのブームなら、それを示す資料を添付するのがいい。

◆新製品でブームを生む

ブームは、すでにあるものに乗っかるだけが利用法ではない。自分からブームを作ることだってできる。自分の立てた企画の製品や事業が大成功すれば、それが日本中でブームになることもあり得る。そしてさらに製品は売れる。

ブームを生むためには、世の中や消費者のトレンドをしっかりと見極める目が必要だ。自分でブームを生み出すのはやさしいことではないが、企画を立てる時はそれくらいの気持ちで取り組むこと。

「売れる！」と思わせるテクニック

◆消費者のトレンドから「売れる！」と思わせるテクニック

消費者のトレンドを示す

□ データ、資料etc.

↓

現在の消費者ニーズを示す

□「こんな物をほしがっている」データ
□ 企画製品がそのニーズを満たすものであることを納得させる

↓

「これは売れる！」と思わせる

◆世の中のブームから「これは売れる！」と思わせるテクニック

世の中のブームを見せる

□ 新聞記事、雑誌記事etc.

↓

企画製品がそのブームに乗ったものであることを示す

↓

「これは売れる！」と思わせる

今年の商品の中ではこれが一番売れていますが……
Nデザインの製作した電子レンジですこのデザインが受けているようです
よしそれや！
そいつの後継機を作るんや

うちもレース業界に参入するか
それなら早速企画書を作りましょう

第5章

パーツを追加してグレードの高い企画書にする

第3章で基本的な企画書の書き方は一通り説明した。
それだけでも企画書は十分作成できるのだが、
さらに内容に磨きをかけるためには、
目的・業界に合わせていろいろなパーツを
追加していくことが必要となる。

パワーポイントで企画書を作成する

▼プレゼンの時に効果がある

◆パワーポイントを使いこなす

第3章で作成した企画書は、主にワードとエクセルで作成するタイプのものだった。それでも企画書としては十分なのだが、さらに一歩進んだ企画書を作成するために、パワーポイントを使ってみるのもいい。

パワーポイントの詳しい操作方法は専門書を見てもらうとして、ここではパワーポイントで企画書を作成するメリットや大事な点について話す。

パワーポイントの特徴は、プレゼンテーション資料の作成が主な用途であるということだ。つまり、最初から企画書を作成してプレゼンするために開発されたソフトなのだ。

パワーポイントで作成した各ページは、スライドとして1枚1枚順番にめくりながら見ていける。またOHPとつなげば、スクリーンでスライドショーを行い、大人数で観ることも可能だ。

◆「見せる」企画書を作る

パワーポイントはアニメーションなどの視覚要素を簡単に挿入する機能がついている。また、スライドの背景に使用できるパターンも豊富で、デジカメなどの画像も簡単に配置できる。さらに、文章や図表も自由に作成・レイアウトすることも可能なのだ。

このように「見せる」企画書を作成しやすいのだが、反面、ワードのように長い文章は書きにくいというデメリットもある。

パワーポイントで企画書を作成するなら、不足している情報はプレゼン時に自分の口で伝えるか、あるいはワードで別途文章を作成するのがいい。

パワーポイントによるスライド・プレゼン

パワーポイントのスライドショー

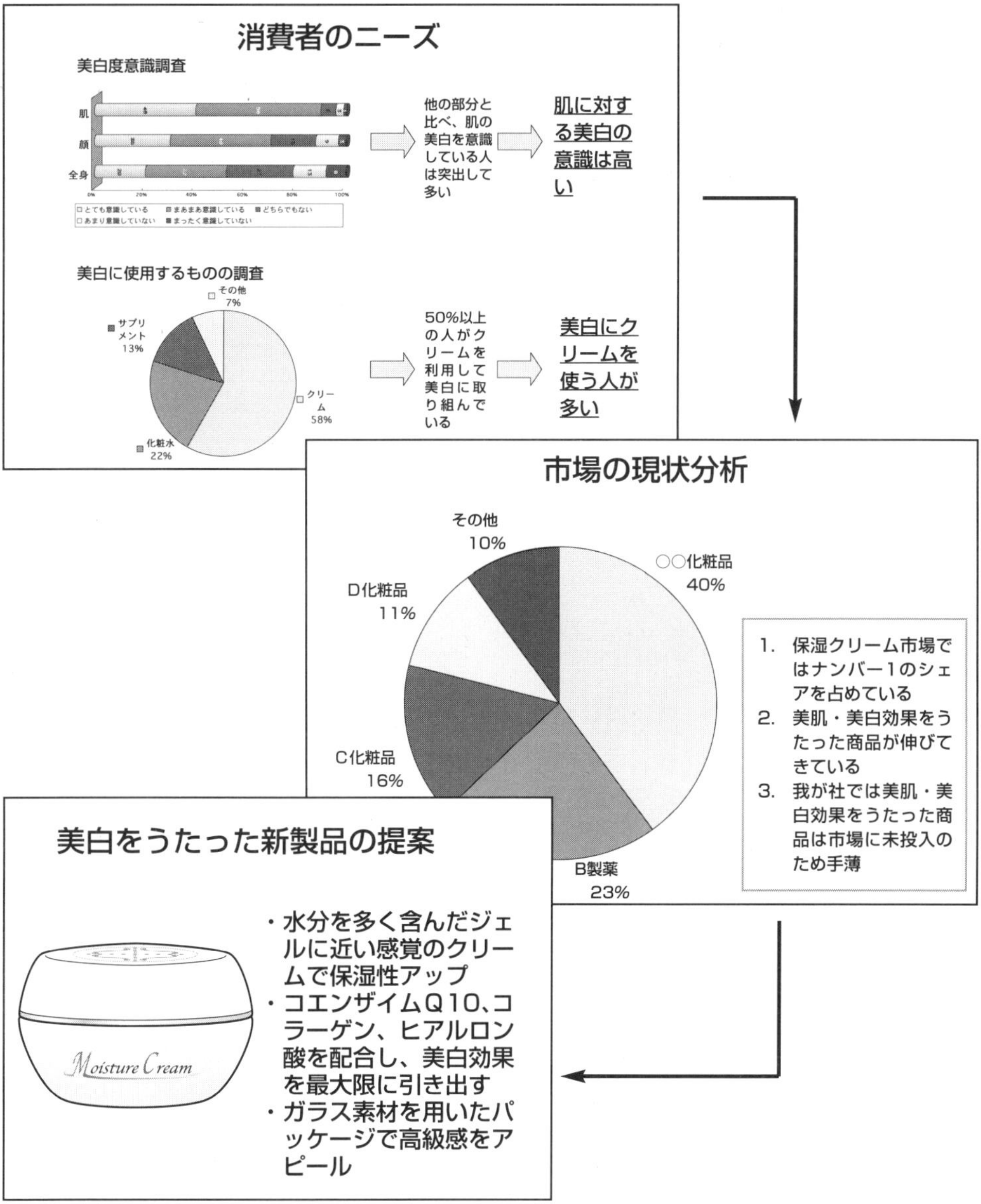
消費者のニーズ
美白度意識調査
肌
顔
全身
0%
20%
40%
60%
80%
100%
とても意識している
まあまあ意識している
どちらでもない
あまり意識していない
まったく意識していない
他の部分と比べ、肌の美白を意識している人は突出して多い
肌に対する美白の意識は高い
美白に使用するものの調査
その他 7%
サプリメント 13%
クリーム 58%
化粧水 22%
50%以上の人がクリームを利用して美白に取り組んでいる
美白にクリームを使う人が多い
市場の現状分析
その他 10%
○○化粧品 40%
D化粧品 11%
C化粧品 16%
B製薬 23%
1. 保湿クリーム市場ではナンバー1のシェアを占めている
2. 美肌・美白効果をうたった商品が伸びてきている
3. 我が社では美肌・美白効果をうたった商品は市場に未投入のため手薄
美白をうたった新製品の提案
Moisture Cream
・水分を多く含んだジェルに近い感覚のクリームで保湿性アップ
・コエンザイムQ10、コラーゲン、ヒアルロン酸を配合し、美白効果を最大限に引き出す
・ガラス素材を用いたパッケージで高級感をアピール

広告企画書にはこれを入れよ！

▼広告を出す効果をアピールする

Grade Up

広告企画書の場合でも、基本的な構成は製品企画とさほど違いはない。ただ形ある製品とは違うので、各項目を多少変える必要があるだけだ。

◆立地分析（現状分析に相当）

製品企画における「現状分析」は立地分析となる。「現状分析」に入っていたような消費者のトレンドは入れてもいいのだが、その他に以下のような内容が必要だ。

▽広告掲出予定地データ：広告掲出予定場所の詳細な情報が必要になる。屋外広告なら、地図を持ってきて添付しておく。そして掲出予定場所は印を付けて分かるようにする。できれば現地に行って、デジカメで写真を撮ってくるのがよい。

◆広告概要（製品概要に相当）

製品企画書の「製品概要」の代わりに、広告概要を入れることになる。ここでは広告物の内容、どんな広告を出すのか？　ということを、実際にスケッチしたりパソコンで作成したりして入れる。どんな広告を出したいのか、自分の頭にあるものをうまく表現すること。また、タレントを起用するのかどうか、起用するなら誰か？　についても述べる。実際に掲出した時には縦横どれくらいのサイズになるかも書いておく。

◆掲出計画

ここで広告物の実際の掲出計画を書く。「立地分析」と重複するかもしれないが、屋外広告なら周辺地図を添付して掲出場所に印を付ける。店舗内などの屋内広告なら、掲出場所周辺の図面を描いて、どんな場所に広告が出るのかよく分かるようにする。また、デジカメの写真は必要に応じて入れる。

場所だけではなく、広告を出す時期・期間についても書いておく。これは各場所によって期間が変わる場合も多いからだ。掲出場所ひとつずつについて書くこと。

広告掲出計画

◆ 掲出計画表

番号	場所	掲出物	サイズ・時間
①	○○駅	壁面ポスター	2m×4m
②	Aビル	壁面ポスター	4m×5m
③	Bビル	大型ビジョン映像	30秒
④	Cビル	大型ビジョン映像	30秒
⑤	Dビル	大型ビジョン映像	30秒

◆ 掲出計画MAP

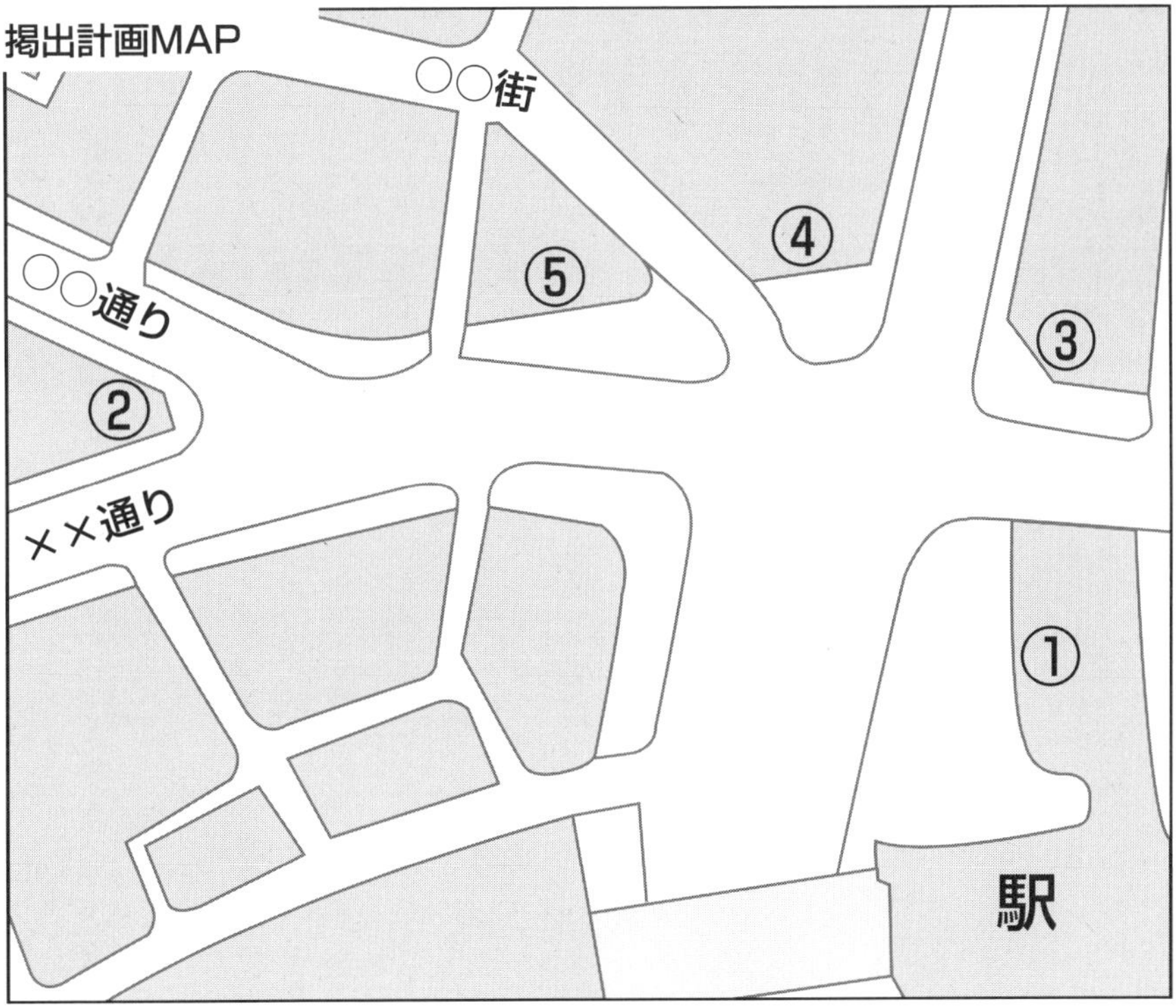

Grade Up

テレビ番組の企画書にはこれを入れよ！

▼形のないものをイメージできるようにする

テレビ番組の企画書が通常の製品企画書と違うところは、企画内容が形のない商品であるところだろう。言い換えれば「ソフトウェア」であるとも言える。

テレビ番組の企画書には、以下のような内容を入れる必要がある。

◆競合番組（競合品に相当）

テレビ番組の企画書では、競合品は当然ながら競合番組になる。ここでは企画している番組と同時間帯の裏番組を調べ、その視聴率などを入れておく。また時間帯が違っても類似番組があれば、それも書くようにする。

◆番組構成（製品概要に相当）

製品概要の代わりに番組構成を入れることになる。番組構成とは、全体の構成（オープニング～メインパート～エンディング）、2～3のサンプルシーン（番組の雰囲気がつかめるように、各出演者のセリフも入れた台本を書く）、出演予定タレント、スタジオの舞台構成・必要な大小道具などがある。

◆スポンサーなど（売上になる）

「売上・利益」の項目は、予定されているスポンサーの広告料を入れる。テレビの収入源はスポンサーからの広告費だからだ。予想される広告費を「売上」として計上し、予想利益を出す。

スポンサー企業名は一覧表にしておく。その番組の視聴者層にあったスポンサーか、改めて確認すること。

◆その他

「ターゲット」「現状分析」「スケジュール」はそのまま。「消費者のニーズや声」は「視聴者のトレンド」などに名前を変え、「費用・コスト」も「制作費」になる。「責任者・担当者リスト」も「制作者リスト」になる。

また「単位あたりの生産コスト」「予定小売価格」や「予定流通経路」は不要。

番組構成

■ 番組構成案

◆オープニング

司会者登場
ゲスト、出演者紹介
オープニングトーク

◆出演者ネタ披露

1組ずつネタ披露
ネタが終わったら、ゲストを交えて座りでトーク

◆この人誰？

小さい頃の写真を見せて、誰であるか当てるクイズ
今と昔のギャップを楽しむ
2組終わったら1回このコーナーをはさむ

◆エンディング

出演予定者一覧

●司　会

○○○○（タレント）
○○○○（タレント）

●出演者

○○○○（お笑いコンビ）
○○○○（お笑いコンビ）
○○○○（お笑いタレント）
○○○○（お笑いコンビ）

●ゲスト

○○○○（タレント）
○○○○（タレント）
○○○○（女優）
○○○○（タレント）

このようなテレビ番組もひとつひとつに企画書がある

出版企画書にはこれを入れよ！

▼本の「内容」こそが企画のポイント

Grade Up

企画を本の形にする出版企画書の特徴は、まず予算や利益の計画の必要がないということだ。これはなぜだろうか？　本はその制作に使用される紙、色数、ページ数などで制作費は変わってくる。しかし、それを決めるのは出版社だから、出版社の場合は必要だ。

出版の企画を立てるのは必ずしも出版社の人間とは限らない。外部の編集プロダクションや、ライターの時もある。そのような場合は、企画者は制作費まで決める必要はない。

出版企画書では、著者の知名度や企画の主旨、読者対象、プロット、目次などの「内容」が本の売れ行きを左右する。

◆「企画概要（製品概要に相当）」に盛り込む必要のあるもの

▽**著者プロフィール**：本の売れ行きは、著者の知名度によるところが大きい。これまでに出した著書一覧や、部数などを入れておく。

▽**出版企画の主旨**：なぜこの本を出すのか。

▽**読者対象**：年代はどの層の人が読むのか。

▽**目次**：企画書の目次ではなく、出版する本の目次を入れること。

▽**サンプル原稿**：2〜3の項目について、サンプル原稿を入れる。それによって、本全体の雰囲気や面白さが分かるようなものにする。

▽**タイトル**：仮の書名としておく。

◆入れる必要のないもの

▽**予定小売価格**：本の価格は企画が通って、制作の最後の段階で決まるもの。

▽**予定流通経路**：本の流通経路はどれもあまり大差がない。

▽**予想販売数**：これも制作の最後の段階で出版社が検討する。

▽**費用・コスト**：すでに述べた通り。

▽**販促物作成費・広告宣伝費**：これも企画者ではなく出版社が考える。

▽**売上・利益**：初版でどの程度刷るかも制作の最後に決めるので、これらも最初は必要ない。

出版企画書

企画案

美しいカラダになる
○○ダイエット

200×年○月○日

◆ 著　　者
○○○○（○○研究所所長・医学博士）

◆ 判　　型
B6・160～192ページ・2C

◆ 読者対象
20～30歳代の女性

第1章　○○ダイエットとは
- ○○ダイエットのしくみ
- 1週間で効果が出る
- ふだんの生活をちょっと変えるだけ
- こんな人は○○ダイエットに向いている

第2章　食生活をちょっと変える
- 肉中心の食生活を変える
- 色のついた野菜を多く摂る
- 摂り過ぎなければ肉もOK
- 魚はどんな調理法でも効果あり

第3章　カラダを動かす
- 毎朝5分、実践する

ゲームソフト企画書にはこれを入れよ！

▼中身の違いが企画の良し悪しにつながる

Grade Up

ゲームソフトの企画書も、出版企画書と同様に「知的所有物」についての企画書であると言える。「ソフト」の部分、つまり中身の違いで売れ行きが決まってくる。

◆「企画概要（製品概要に相当）」に盛り込む必要のあるもの

▽ゲームコンセプト：これが最も大事。「どういうゲームを作るのか？」がすべて書かれている部分になる。まずはどういうジャンルのゲームなのか、アクションなのか、ＲＰＧなのかを明記する。さらに詳しい説明のために、以下の要素を入れる。

○ゲームシステム：ゲームには、どういうシステムが使われているのか、アクションならどういうアクションゲームなのか、何が売りなのか、ほかとどう違うのか？

○シナリオ：スタートからエンディングまでの、大まかな流れを数枚の紙にまとめる。特にＡＶＧやＲＰＧで重要。フローチャート形式にまとめると分かりやすい。

○各シーン：要所のシーンを、2～3サンプルとして紙にまとめる。ＡＶＧやＲＰＧなら会話シーンなどを入れてみる。

○キャラクターイメージ：登場するキャラクターの一覧と、主要キャラのイメージを描いておく。

◆入れる必要のないもの

▽予定小売価格：ゲームソフトの価格はどれも大差がなく、制作の最後の段階で決まることが多い。

▽予定流通経路：ソフトによる差はほとんどない。

▽予想販売数：初回出荷で何本生産するかは、ゲームが完成してから決められることが多い。

▽費用・コスト：入れてもいいが、それほど重要ではない。

▽販促物作成費・広告宣伝費：製造元が決めることが多い。

▽売上・利益：「費用・コスト」と同じで、ゲームソフトの場合は画一化されていて、企画による違いはあまりない。よって、それほど重要ではない。

キャラクターイメージの一覧

影ノ介（主人公）

小鈴（ヒロイン）

領主 道玄（主人公の敵）

お松の方（敵の娘ながら好意的）

ひげ虎（主人公のサポート）

草丸（敵の手先）

飲食店出店企画書にはこれを入れよ！――1

▼立地条件はどうなっているか

Grade Up

飲食店出店企画書の特徴としては、ページ数の多い企画書になることが挙げられる。それは飲食店の出店という事業が、規模も大きく、かかる費用も数千万単位の高額になるためである。当然ながら、企画を実行する前にあらゆる要素を検討して、リスクを回避しなくてはならない。

普通の商品や本でも何万、何十万という単位で生産すれば、そこに発生する費用は億単位になるだろう。しかし、商品1個にかかる費用・コストは微々たるものである。

それに対して、飲食店出店は数に関係なく、最低でも数千万単位のお金が動く事業なのだ。そういった特徴をふまえて、飲食店出店という大掛かりなビジネスの企画書に必要な内容を述べる。

◆立地分析（現状分析に相当）

飲食店でも他の店舗出店でも、最も重要なのは立地状況である。そのため、出店を企画している立地状況を徹底的に分析し、企画書には詳細な情報を盛り込むことが大事だ。

▽**出店予定地域**：まずは、出店を計画している場所の周辺地図を企画書に添付すること。地図は1万分の1くらいの縮尺の小さいものがいい。書店で手に入る。その中の出店予定地の情報を、印などで書き入れる（左ページ参照）。また、現地へ行ってデジカメで写真を撮ってくるとよい。撮った写真は、パワーポイントのスライドに挿入するなどして提示する。

▽**地域データ**：出店予定地域の詳細なデータを調べて入れる。具体的には、地域の人口、地域特性（住宅地・工業地など）、年齢構成、平均所得、昼夜人口比、交通の便などが挙げられる。これらは自治体のサイトなどで調べられる。また、自治体の今後の開発計画も分かったら載せておくとよい。

飲食店出店企画書 ①

◆ 立地分析

- 駅前には飲食店がそろっている
- 駅から少し歩いたところに若者が行く店が多い
- 駅から少しはずれてしまうと飲食店の数が格段に減る

◆ 地域データ

- 中小企業が多く構える街
- 昼の人口2万人、夜の人口1万人
- 地方からの路線の乗り入れがあり、昔と比べて格段に交通の便が良くなった

◆ 出店予定場所近隣MAP

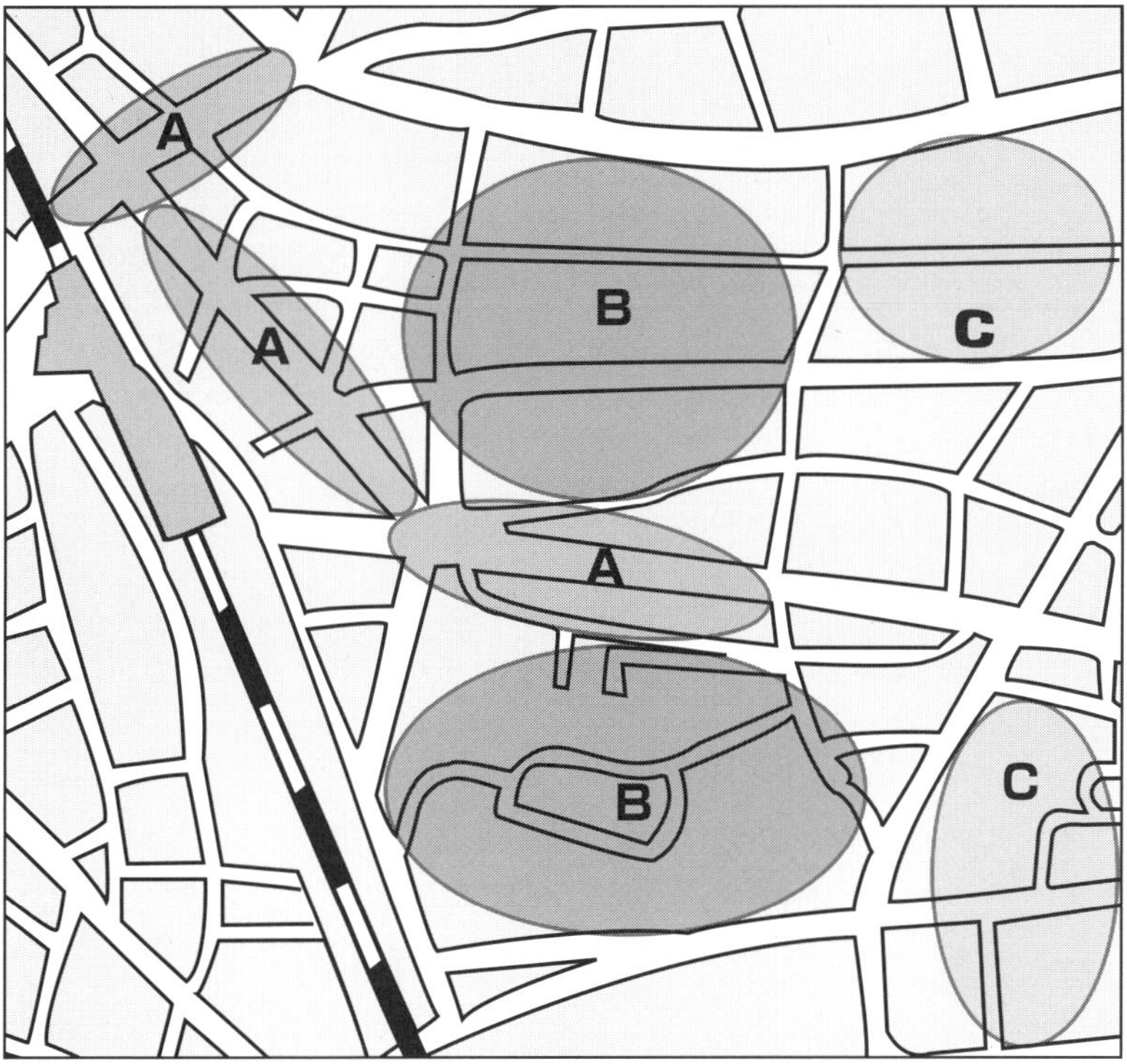

A　飲食店が多い地域
B　オフィスが多い地域
C　若者向けの店が多い地域

飲食店出店企画書にはこれを入れよ！ ——2

▼出店地域の人の流れはどうか

Grade Up

▽現場の通行量：これも店舗出店には大事な要素だ。出店予定場所では、1日に何人の人が通行しているのか？　その年齢や性別の構成は？　などを入れること。

　これは実際に現場に出向いて、1日座りつつ通行量調査をして調べることが多い。場合によっては、外注することもある。この要素はエクセルで図やグラフにしたり、あるいはパワーポイントを使ったりと、視覚的に見せるようにしたい。

▽動線データ：動線データとは、現地における人や車の流れを示したデータのことだ。これは通行量とかぶっている面も多いが、ちょっと違う。動線データとは人や車全体の流れ・方向を示すデータであり、地図上に矢印などで記載する。

　データの取得は実際に現場に行ってみるしかない。

▽競合店データ：このデータも省くことはできない。出店予定の飲食店と同じコンセプトの店が、どこに何店あるのか？　またどのくらい客が入っているのか？　そういったデータを調べて入れる。競合店が多く過当競争になっている場合は、出店が見送られる可能性もある。

場所は実際に自分の足で現地に行って確かめ、地図上に赤丸などをして企画書に記載する。

　どの程度客が入っているのか、別途表などにしてひと目で分かるようにするとよい。可能なら、デジカメで写真を撮っておく。

出店場所の調査データを集める

飲食店出店企画書 ②

◆ 曜日別通行人割合

13日（金）　3282人

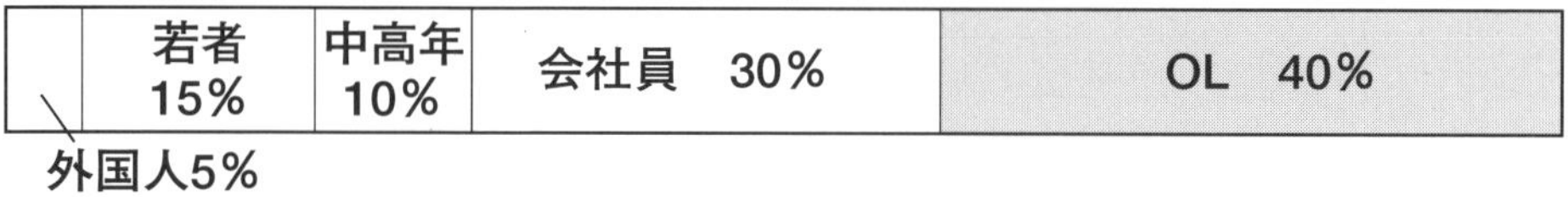
若者
15%
中高年
10%
会社員　30%
OL　40%
外国人5%

15日（日）　4625人

外国人
10%
若者　60%
会社員
10%
OL15%
中高年5%

17日（火）　3492人

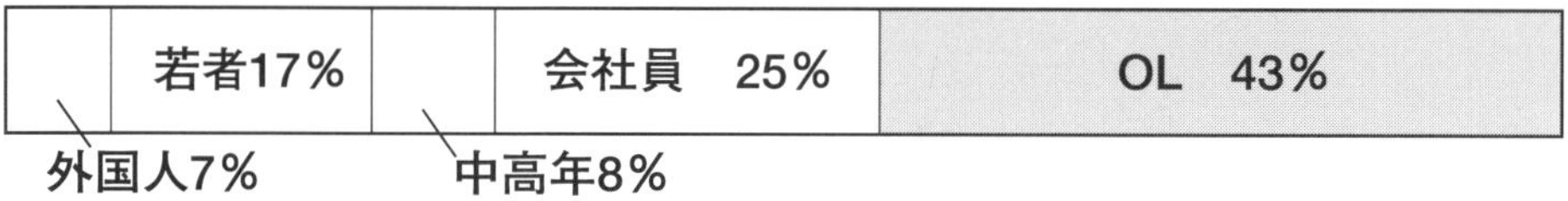
若者17%
会社員　25%
OL　43%
外国人7%
中高年8%

◆ 時間帯別通行量

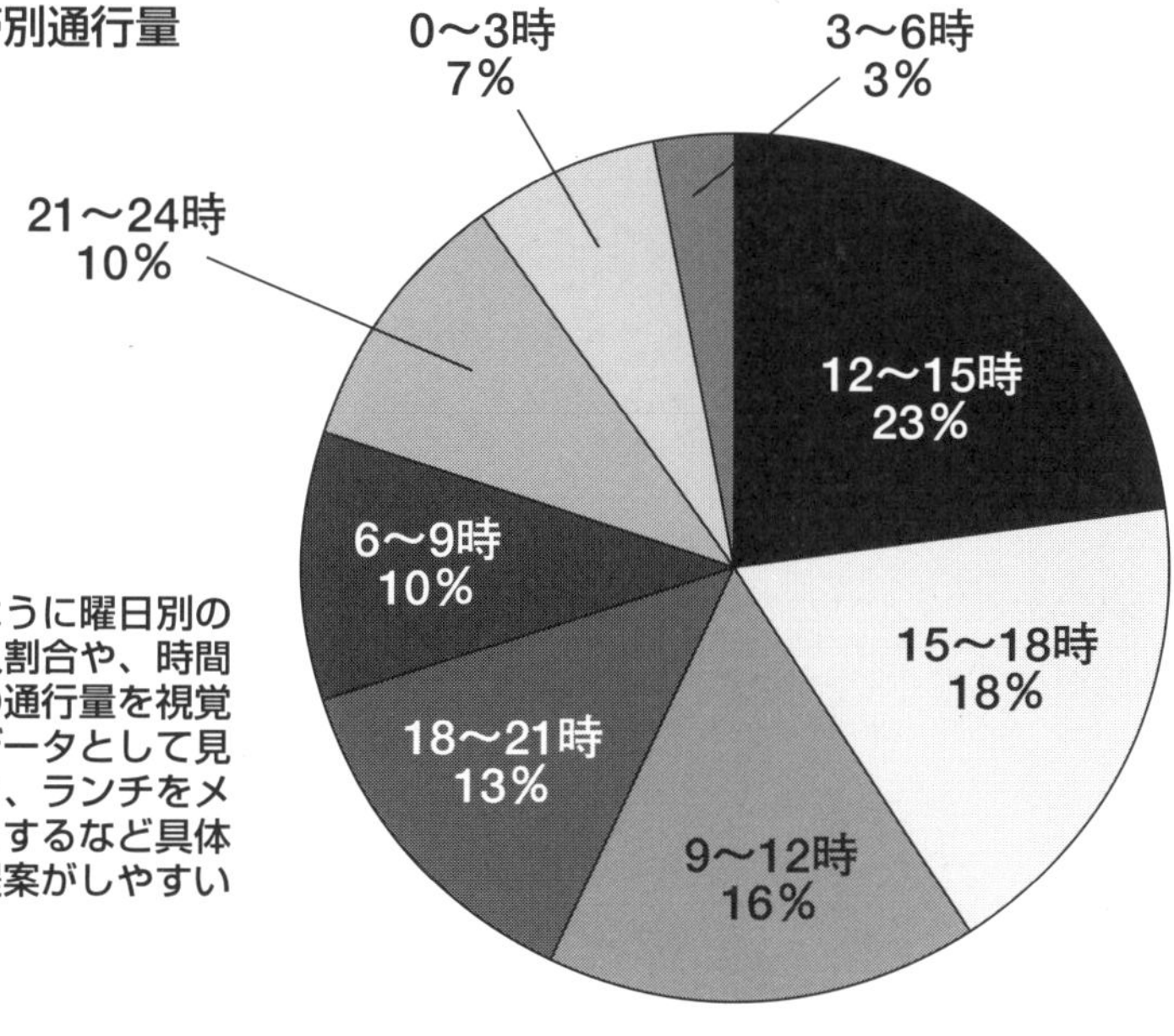
0〜3時
7%
3〜6時
3%
21〜24時
10%
12〜15時
23%
6〜9時
10%
15〜18時
18%
18〜21時
13%
9〜12時
16%

このように曜日別の通行人割合や、時間帯別の通行量を視覚的なデータとして見せると、ランチをメインにするなど具体的な提案がしやすい

飲食店出店企画書にはこれを入れよ！——3

▼どんなコンセプトのお店なのか

Grade Up

◆企画概要

　ここからが出店する店舗の詳細な内容になる。店舗は単なる商品と比べて、サイズもコストも桁違《けたちが》いに大きい。必然的に企画書に入れる内容や、ページ数も多くなる。ここですべてを説明することはできないが、最低限必要なものについて述べておく。

▽店舗概要：まずは店舗全体についての概要を入れる。内容は、住所、ビル名、営業日（時間）、営業面積、ターゲット層、主要メニュー（取扱商品）、予定従業員数、オペレーション、外装・内装……etc. といったところだ。これらの詳細な説明が入ったページ番号も入れる。

　外装や内装はスケッチができるならスケッチして入れてもいい。すでに施工業者に設計図などを描いてもらっているなら、それを添付する。また、パソコンでイメージを作成できるならそれを入れてもよい。どれも無理なら、文章だけで伝えておくしかない。

▽店舗計画：ここでは「店舗概要」で入れた営業面積や外装・内装などの店舗情報をさらに詳しく述べる。まずは店舗とするべき不動産物件の詳細だ。

　物件は購入するのか？　あるいは賃貸なのか？　購入ならいくらかかるのか？　賃貸ならテナント料はいくらか？　賃貸なら、どのようなビルの何階なのか？　営業面積はどれくらいになるのか？　などの情報を細かく入れる。

　それから外装・内装についても詳細に述べる。「店舗概要」のページと同様に、スケッチなどでイメージを描いて挿入できればさらによい。

　また、外装・内装で必要な機材・備品類についても、分かる限り列挙しておこう。調達の金額や予定外注先も入れられると仕上がりが違ってくる。

飲食店出店企画書 ③

◆ 店舗概要

住　所	東京都○○区○○町3−12−5　ABCビル1F
営業日時	月〜水曜日11：00〜20：00　金〜日曜日11：00〜21：00　木曜日休み
営業面積	100平方メートル
ターゲット層	20〜30歳代の男女

◆ 予定店舗平面図

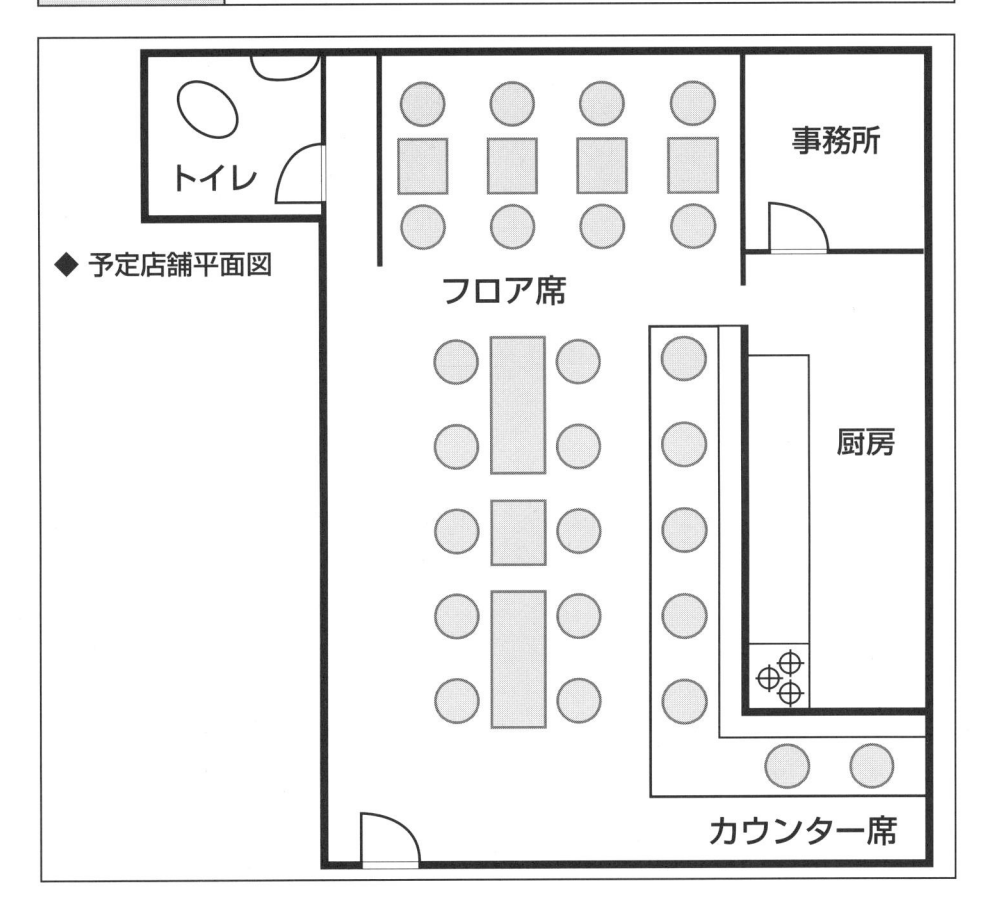

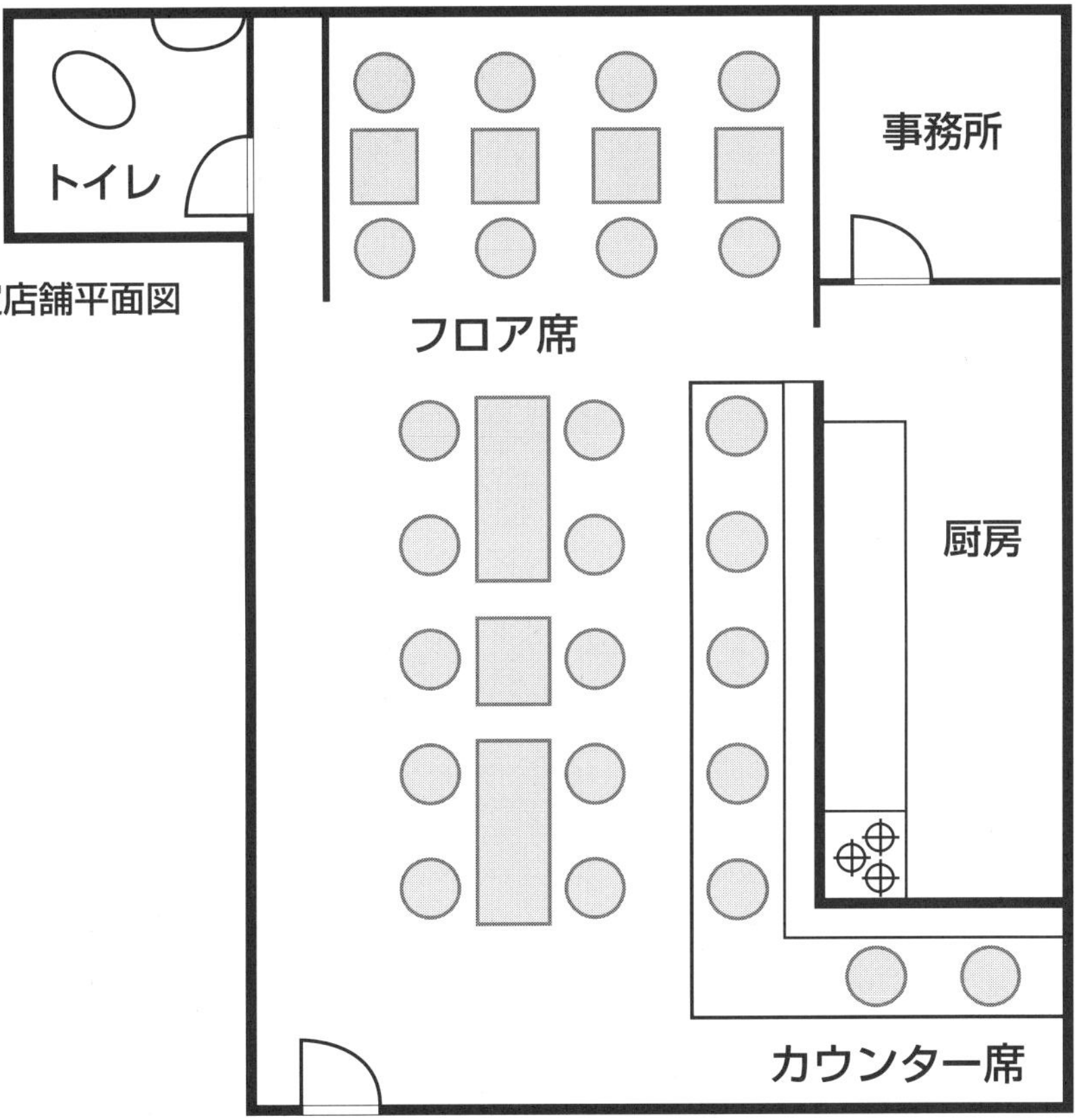

飲食店出店企画書にはこれを入れよ！―― 4

▼お金に関することは詳しく書いておく

Grade Up

▽メニュー（製品）詳細：ここで店舗運営の「ソフトウェア」とも言うべきメニュー（製品）について記載する。まず予定しているメニューの一覧を入れる。メニューの名前だけではなく、価格やレシピも入れておくとよい。また、できるなら資材調達についても述べる。

さらにここでメニュー（製品）を扱う従業員について述べてもよい。従業員の予定数とポジション、それから制服・コスチューム、などについても入れておく。

▽費用・コスト：基本的には製品企画書の「費用・コスト」と同じなのだが、店舗計画の場合は金額や項目数がかなり多くなる。費用の項目となるのは、不動産取得費用、外装・内装費などの初期費用、それから資材調達費、オペレーションコスト、人件費ｅｔｃ．のランニングコストだ。

▽売上・利益：ここも製品企画書の「売上・利益」と同じだ。まずは1日の予想売上を出してみる。そして「費用・コスト」で出したコストと併せて考え、損失ではなく利益が出ることを確認する。企画している店舗は、利益が出るようになるのだろうか？　もし赤字だったら、そのままでは企画は通らないので、もう一度書き直す必要がある。その場合は、コストを減らすか予想売上を上げて対処する。

最後に初期投資額を何年かけて回収できるのか明記しておく。

以上で、だいたい飲食店出店企画書に必要な内容は述べたが、これがすべてではない。これまで述べた内容は、最低限必要なものだ。そのほかにも「販促物作成費・広告宣伝費」をはじめとして、大事な要素はたくさんある。

店舗の出店は非常に大掛かりなので、企画書は時間をかけてじっくり作成していくことが必要だ。

飲食店出店企画書 ④

◆ 初期費用

不動産取得費用	10000万円
内装費	1000万円
外装費	1500万円
合計	12500万円

◆ 年間ランニングコスト

資材調達費	3000万円
オペレーションコスト	1000万円
人件費	2000万円
合計	6000万円

◆ 売上・利益

● 1日売上予想

1500円（予想客単価）×200人（予想客数／日）＝30万円

● 年間売上予想

30万円×300日（営業日）＝9000万円

● 利　益

9000万円－6000万円（年間ランニングコスト）＝3000万円

◆ 初期費用回収期間

12500万円÷3000万円＝4.17＝4年2カ月

ただいまより、コスモスグループと初芝の合弁事業を議題として会議を行います　まずは初芝の島課長に、今回の企画についてのプレゼンをしてもらいます

第6章
絶対に納得させる プレゼンテーション

企画書がどれほど良くても、プレゼンテーションが
うまくないと企画は通らない。
企画書を通すために
最後の難関となるものがプレゼンテーションだ。
最後まで気を抜かずに、最高のプレゼンをしてみよう。

プレゼンは企画を通す最後の関門

▼良いプレゼンで企画書を生かす

◆最後にプレゼンが待っている

企画書が完成して「さあ、これで大丈夫だ！」と安心していないだろうか？　それではまだビジネスマンとしては甘い。企画書を完成させたら、その内容を意思決定者たちの前でプレゼンしなくてはならない。そしてプレゼンこそが、企画書を通すための最後の関門となるのだ。

なぜプレゼンがあるのだろうか？　それは、企画書を読んでもらうだけでは、不十分な情報を補足するためだ。また、自分の企画に対する熱意を伝える重要な場でもある。

企画書の後にプレゼンがあるかどうかは、ケースバイケースで、決まっているわけではない。企画書を配布して、読んでもらい、プレゼンなしで意思決定が行われる場合もある。

◆プレゼンで熱意を伝える

企画書提出後にプレゼンがあるケースは多い。ということは、良いプレゼンをすれば企画はそれだけ通りやすくなるし、反対にプレゼンが下手だとせっかく良い企画書を書いても台無しになる。

なおプレゼン能力は、何も企画書を通すためだけに必要なのではない。ビジネスにおいて非常に応用が利くスキルなのだ。

例えば、新製品の発表会でも、プレゼンが必要だ。それは社内で企画書を通すためではなく、大勢のお客様の前で行うもの。社内プレゼンよりもはるかに難しく、厳しい。

それ以外にも幕張メッセなどで行われる展示会のブースにつくことになったら、プレゼン業務をしなくてはならない。このように、プレゼンとは企画書を通すためだけに行うものではない。

良いビジネスマンになるためには良いプレゼンができることが、不可欠だ。なぜなら、製品や企画を上手に売り込める者は、自分自身も上手に売り込めるからだ。

プレゼンは企画を通す最後の関門

プレゼン能力が応用できる場面

- 営業トーク
- 展示会のブース
- 新製品の発表会
- 新人研修
- 講　演
- 転職時の面接

プレゼンで伝えるべきもの

- 企画書にない情報
- 企画にかける熱意
- 企画が「売れる」ということ
- スライド写真

etc.

プレゼン前にチェックすること

▼万全の状態でプレゼンに臨む

プレゼン実行前に、確認しておくべき事項がある。

◆日程

これはしっかりと押さえておかなくてはならない。時間を1時間間違えて、遅れて会場に行ったところみんなすでに帰っていた、などというのでは話にならない。日時を確認したら、すぐ手帳にメモすること。

◆会場

これも大事な要素だ。自社の会議室で行うのか、あるいは別に場所を借りて行うのか。決まった時点で、手帳にメモしておく。

◆参加者の人数

プレゼン当日は誰が、何人参加するのか？　それを改めて確認しておく。参加する人や人数によって、プレゼンの方法も変わってくるからだ。大人数だったらマイクなども手配しておいた方がよい。パワーポイントなどを使ったスライドショーも、人数によってやり方が変わってくる。

10人以下なら、スクリーンを使わず、直接パソコンを見てもらうだけで十分かもしれない。しかしそれ以上の人数なら、スクリーンがあった方がよい。大人数相手にスクリーンがないなら、スライドショーはやめておくのが無難。

◆参加者の構成

参加者は社内だけなのか、あるいは社外の人間も来るのか、どういう地位の人なのかをチェックしてリストにしておく。

◆プレゼン時間

プレゼンには何分、何時間が与えられているのかによって、やり方も変わってくるだろう。どちらにしても、長い時間はかけないようにする。通常は30分~1時間あればプレゼンには十分だ。

プレゼン後には、質疑応答や企画について参加者で話し合うための時間も計算に入れておく。

プレゼン前にチェックすること

◆ 事前チェック項目

	確認事項
日　程	まずは自分の予定を見て、空いている日・時間かどうか改めて確認する。空いていない時間だったら、変更してもらうしかない。または別の予定を変更する。
会　場	どこの会議室で行うかを確認する。一度も行ったことのない場所なら、まずはプレゼン前に行って確認しておく。
参加者の人数	これは大事。人数を確認して、会場の収容能力が足りているかどうか検討する。人数の割にあまりにも狭い場所だったら、変更してもらう。人数が多いようだったら、マイクの手配もしておく。
参加者の構成	社内の人間だけか、あるいは社外の人間も来るのか。地位はどの程度なのか。それによって、当日の服装などを考えておく。
プレゼン時間	一般的なプレゼンは30分～1時間程度。それに質疑応答の時間が必要となるので、1～2時間の時間が確保されていれば十分。自分の企画書の分量を見て、どれくらいの時間が必要か改めて確認する。短くても、最低1時間は確保する。時間が余るのは問題ない。

プレゼンの準備と同じように、体調にも気をつけよう

プレゼンの場は自分で作れ！――1

▼指示がなくてもプレゼンをする気持ちで

前項では「上司からプレゼンを指示された場合」について述べた。では上司から指示されなければ、プレゼンをしなくてもよいのだろうか？　そんなことはない。

プレゼンの場は自分で作るもの。指示がなくても、自分で「企画書のプレゼンをやらせてください」と上司に話を持ちかけるのだ。上司や会社も、あなたのそのやる気を評価してくれる。

自分でプレゼンの場を作るための手順について述べる。これがひとつのやり方だと思ってほしい。

①プレゼンをする相手を考える

社内ならば「誰にプレゼンをしたらよいのか？」を考えるところからすべてが始まる。これは自社では意思決定を誰がするのかによる。単純に言えば、プレゼンは意思決定者だけに対して行えばいいのだ。社長だったら、社長1人に対してでもいい。企画を検討する部署があって、そこに数名の人間がいるなら、その数名に対して行えばよい。まずはプレゼン相手を決めて、リストを作成する。

②日程と会場を決める

プレゼンする相手が決まったら、日時と会場を決める番だ。まず会場だが、社内でのプレゼンなら、オフィスにいくつか会議室があれば、その中から選べばよい。参加人数を考えて、一番適当と思われる会議室を選ぶ。

スライドショーをやるなら、その設備が使えるかどうかも確認しておく。社外だと少々面倒になるかもしれない。自社でもよし、相手先の企業に行ってもよし。ただし、得意先の場合は、自分から出向くのが礼儀だ。

次は日程を決める番だ。これも参加者の都合に合わせて、参加者が空いている日時を選ぶこと。都合は本人たちに直接聞く。

会場と日程が決まったら、総務にその部屋を押さえておくように手配する。

プレゼンの過程 ①

① プレゼンをする相手を考える

◆「意思決定者」が誰か、考えること
◆ 中小企業では社長１人であることも多い
◆ その意思決定者に対してプレゼンの仕方を考える
◆ 社外の人間の場合は、簡単にアポが取れる相手か確認する
◆ 簡単に会えない相手では、プレゼン自体を再検討してみる

② 日程と会場を決める

◆ 通常は、自社または相手企業の会議室で十分
◆ プレゼン相手の人数を考えて、十分収容できる部屋にする
◆ 社外の場合は、自分から相手企業を訪問するのが礼儀
◆ スライドショーなどを行う場合は、設備面を考えて決める
◆ 日程はプレゼン相手が集まれる日・時間を選ぶ
◆ プレゼン相手が忙しい日や時間は避ける

プレゼンの場は自分で作れ！──2

▼具体的内容を決めよう

③プレゼン時間を決める

次はプレゼンの時間を決める番だ。プレゼン時間は必要以上に長くしないこと。長いと聞いている方も、途中で集中力がなくなるので、30分～1時間程度が無難だ。

ただし、その後に質疑応答や企画をみんなで検討する時間も入れておくので、会場は長めに2時間くらいは押さえておくようにする。

④参加者に連絡する

一通り必要なことが決まったら、リストアップした参加者にプレゼンの案内をする。いろいろな方法があるが、社内メールでもよいし、直接会って口頭で伝えてもよい。また電話でもいいだろう。自社で普段使っている連絡方法で行う。

日時と会場は絶対に間違いのないように伝えること。なお、メールなどの場合は、返答の期限を決めておくこと。

⑤参加の返答をもらう

メールでは、参加できるかどうかの返答をもらわなくてはいけない。また、電話などで、「後で連絡するよ」と言われたら、待った上で対処する。どちらにしても、イエスかノーかの返事は、必ず全員からもらうこと。

参加者から返事をもらったら、改めて参加人数の確認をする。「参加できます」と回答した人数は何人か？　それによって、改めてプレゼン全体の見通しと進行を検討する必要がある。

プレゼンは積極的に！！

プレゼンの過程 ②

③ プレゼン時間を決める

◆ プレゼンの時間は、普通30分～1時間
◆ 質疑応答を含めて、1～2時間の時間を確保する
◆ 長い企画書・プレゼンの場合は、もっと長い時間でもよい
◆ その場合は1～2時間ごとに休憩を取る
◆ ただし参加者が、そこまで時間を取れるか考えてから決める

④ 参加者に連絡する

◆ 参加者全員にプレゼンの日時・会場を連絡する
◆ 連絡したら、出欠の確認を取る
◆ 連絡方法は、電話、メール、FAXなどやりやすい方法で
◆ メールやFAXの場合は返答期限を決めておく

⑤ 参加の返答をもらう

◆ 通知した人たちからの出欠を取る
◆ すべての人から返答をもらう
◆ 終わったら、改めて人数を確認する
◆ 欠席が多い場合は、会場変更を考えてもよい
◆ あまりにも人数が少ないなら、日程を変更することも考える
◆ 会場・日程の変更などは、出席者にきちんと連絡する

良いプレゼンには良い準備が不可欠だ

▼準備を怠るとミスをする

Presentation

良いプレゼンをするためには、それなりの準備をしなくてはいけない。プレゼン前に必要な準備は早めに行うようにすること。

◆企画書を人数分コピーする

プレゼン前に、参加人数分の企画書を用意しておかなくてはいけない。各ページを人数分コピー、または人数分プリントアウトして、参加者分の部数を作成しておく。予備のために2～3部多めに作成しておくのがよい。作成したものは、当日配布する。

◆会場のチェック

プレゼン日に会場が押さえられているのは当然だが、プレゼン前に一度自分で直接行って、中の設備を確認しておく。

◆プレゼン内容の作成

後で詳しく述べるが、プレゼンはただ企画書を読めばいいというものではない。当日話す内容について、事前に決めておくことが大事だ。そのための時間配分をメモしたり、話す内容を企画書に書き込んでおくことが必要だ。

◆質疑応答の準備

プレゼンには必ず質疑応答が入る。たとえ質疑応答の時間を取っていなくても、必ず質問をしてくる人は出てくる。そういった質問に対応するために、どんな質問がきても答えられる準備をしておくこと。特に「なぜ、この企画で売れると思うのか?」「他の企画や類似品とどう違うのか?」という点は重要だ。

◆リハーサル

ある程度プレゼン慣れしているならよいが、慣れていなければ自宅でもオフィスでもよいので、リハーサルをしてプレゼンに備えておく。その時は1人でせず、誰かに聞いてもらって悪いところを指摘してもらうようにする。

プレゼン前の準備・手順

◆ 企画書を人数分コピーする

◆ 予備のため2～3部多めにコピーする
◆ コピーしたものは、1部ずつホチキス止めする
◆ 作成したものを当日配布する

◆ 会場のチェック

◆ 行ったことがない場所なら、行ってみること
◆ 椅子やテーブルは人数分あるか？
◆ OHPなどの機材はそろっているか？

◆ プレゼン内容の作成

◆ プレゼンで話す内容を決めておく
◆ 時間配分もある程度決める
◆ 決めた内容は自分の企画書に書いておく

◆ 質疑応答の準備

◆ 考えられる質問をリストアップする
◆ その質問に対する回答を準備しておく
◆「なぜ売れるのか？」など、大事な質問は特にしっかりと準備する
◆ 他人に読んでもらって質問してもらうのもよい

◆ リハーサル

◆ プレゼン慣れしていないならリハーサルで慣れる
◆ 1人でせず、誰かに聞いてもらう
◆ 終わったら質問もしてもらう

プレゼンは企画書を読めばいいというものではない

▼自分の考えをプレゼンで伝える

Presentation

いよいよ本番のプレゼンになる。プレゼンとは単に企画書を読んで済ませるものではない。それならプレゼンをする必要はなく、企画書を配布すれば済んでしまうことだ。

では企画書を読む以外にするべきこととは何だろうか?

◆自分の熱意を伝える

プレゼンでは、とても大事なことだ。企画書は単にパソコンで作成した文章であり、それだけで自分の情熱が伝わるとは限らない。

そこで、自分のその企画に対する情熱を伝えるのがプレゼンなのだ。

◆製品のサンプルなどがあったら見せる

もし製品の試作品ができていたら、プレゼンに持参して参加者に実際に見てもらうようにする。

ここでは試作品ではなくても、パッケージなどのダミー製品でもよい。とにかく、企画書では伝えられなかった情報をここで伝える。

製品のサンプルは数個用意しておき、それを手に取りながら説明するとよい。参加者が実際に使ってもよいなら使ってもらう。そうすれば企画書だけの説明よりも、製品のことをよりよく理解してもらえる。

◆質疑応答を受ける

一通り説明が終わったら、参加者からは質問が出てくるだろう。この質疑応答を受けることが、プレゼンの存在意義でもあるのだ。どんな質問がきてもいいように、事前に準備をしておくこと。

質問がくるのは、それだけ参加者が自分の企画に関心を持ってくれているということだ。厳しい質問がきても恐れずに、むしろ喜ぶくらいの姿勢を持つこと。答えることによって、企画のさらなる良さを伝えるようにすることが大事だ。

プレゼンはただ企画書を棒読みする場ではなく、書面では伝えられないことを伝える場

では書面では伝えられないこととは？

自分の気持ちなど

- ◆ 企画にかける情熱
- ◆ 意気込み
- ◆ 企画が成功した時の感動

etc.

製品の具体的情報

- ◆ すでにある製品サンプル
- ◆ スライドによる製品情報
- ◆ サンプルを実際に手に取ってもらう

etc.

質問に対する回答

- ◆ 参加者が知りたいことなので、きちんと答える
- ◆ 質問がなくてもこちらから振ってみる
- ◆ 一方通行ではないプレゼンにする

etc.

これからの企業は
利益を追求する
だけではいけません
その利益を社会に還元する
ことが　企業に与えられた
社会的責任だと思います
例えば　文化村や
交換留学生基金《ファンド》などを
作るとか
東南アジアの国々へ
いろんな施設の提供をするとか
そういう公共的な活動を
するべきでしょう

ただ単に読むだけでなく熱意を伝えよう

一般的なプレゼンの流れ

▼手順よくプレゼンを進める

一般的なプレゼンの進行は、どのような流れなのだろうか？　企画書をただ読むだけではなく、やはり企画書の順番通りに最初から最後まで進めていくのが原則だ。

◆プレゼンの流れ

プレゼンテーターは、開始の30分くらい前に会場に来た方がよい。そしてOHPやパソコンなどの機材のチェックをしたり、企画書を配布しておいたりする。いつも使っている部屋で、機材のチェックをする必要がないならそれは省く。

参加者が集まってくれば、いよいよプレゼン本番開始だ。まず最初に、始まりの挨拶が必要となる。これは2～3分で済ませる。

◆本題に入る

最初の1～2分で、「企画概要」のページを述べる。これは概略なので、時間をかける必要はない。

それから「現状分析」の項目に入る。それなりに内容もあるので、時間をかける。ここで強調したいのは、「市場シェア」や「消費者の声」だ。「消費者の声」は、新製品のニーズを裏付けるものならば、しっかりと強調しておく。

次に「企画内容」に入る。もし製品やパッケージのサンプルがあれば、ここで出して参加者に手に取って見てもらう。また「予定小売価格」「予定流通経路」「予想販売数」は、「なぜ、そういう予定なのか？」「なぜ、その値段にするのか？」などを言葉で説明する。

それから「費用・コスト」や「売上・利益」を説明する。企画書上は数字が多くなっているはずだが、「なぜ、そういう数字が出せるのか？」について説明する。

これで企画書に基づいたプレゼンが一通り終わったことになる。そして質疑応答を受ければいいのだ。質問が出終わったら、参加者で企画の検討に入ってもらえばいい。その場で検討する必要がないなら、それで終わりにする。

1時間のプレゼンの時間配分

	時　間	内　容
前準備	30分前	● 会場入り ● 機材類のチェック ● 企画書配布
会議開始	2〜3分	● 冒頭挨拶
プレゼン開始	1〜2分	● 企画概要
	10分	● 現状分析（市場、競合品、自社の類似製品、消費者のニーズや声）
	10分	● 企画内容（製品概要、ターゲット、予定小売価格、予定流通経路、予想販売数、スケジュール）
プレゼン終了	5分	● 費用・コスト ● 売上・利益
質疑応答	25〜30分	● 質疑応答 ● 企画について参加者で検討

よく出る質問はこれだ！——1

▼答えを備えておけば自信が持てる

Presentation

プレゼンの最後には質疑応答の時間を設けるものだが、そこで出る質問は企画にかかわらず定型のものが多い。よくある質問については、あらかじめ完璧な答えを用意しておくこと。

以下によく出る質問と、その答え方について述べる。

◆「この企画で、何をしたいのですか？」

これは抽象的だが、よく出る質問だ。質問の主旨としては、その企画で何を狙っているのかを知りたいということ。回答例としては、「○億の売上を上げたい」など、単純に売上至上の回答でもよい。

それ以外としては、キャンペーンなら「会社のイメージアップが狙いです」など、明確な目的を答えてもよいし、「○○市場に参入する足がかりにします」など、単純な売上だけではなく、ほかの目的を答えてもよい。

◆「なぜ、売れると思うのですか？」

これはズバリ「売れる理由」を尋ねる質問だ。これに対応した説明ができなければ、企画が通る見込みは低い。この質問に決まった回答はない。自分でしっかりとデータを集めて論理的に説明できるようにしておくこと。

ひとつの回答例として、消費者のトレンドデータを利用し「現在消費者はこういう生活をしており、こういった物を求めています。ですから、こういう製品を市場に出せば売れるはずです」と、消費者のニーズ面から訴える方法がある。

また別の方法として、現在市場に出ている商品との違いを説明するのもいい。企画書内に書いてある内容かもしれないが、質問に出たら改めて、既存製品より企画製品の方が優れている部分について明確に説明する。

第3章で述べたように、他社製品だけではなく、自社の製品も競合品のひとつである。自社製品との差別化を説明してもよい。

よく出る質問とその回答例 ①

◆ この企画で、何をしたいのですか？

- ○○億円売りたい
- 自社のイメージアップを図りたい
- 市場におけるシェアを○%に上げたい
- △△の良さを世間に知らせたい
- 前製品の欠点を改良して世に出したい

etc.

◆ なぜ、売れると思うのですか？

- 消費者のニーズを示す
- 以前の製品よりも改良されている
- 他社製品よりも優れている
- この市場が成長している
- 世の中でブームになっている

etc.

こう思われないように、
質疑応答を上手にこなそう

よく出る質問はこれだ！ ——2

▼質疑応答をスムーズにこなす

◆「このスケジュールで本当に大丈夫ですか？」

これはスケジュールに関する質問だ。聞いている方は、本当に企画書上のスケジュール通りに進行できるのか不安だから聞いていると思われる。

スケジュールは企画書の完成前に、余裕のあるものかどうかしっかりとチェックしていたはずだ。自信を持って「大丈夫です！」と答えればよい。そして大丈夫な理由を論理だてて説明すること。過去に同じような企画を実行した例があれば、それを使って説明するのもよい。

◆「競合品とどう違うのですか？」

競合品の一覧は企画書には入れておいたはずだが、ではそれらと企画している製品はどう違うのか？　どう差異化して、競合品よりも売れる物にしていくのか？　それらを説明しなくてはいけない。

企画書の文章だけで説得できていればこういった質問は出てこないのだが、なかなかそうはいかない。この質問が出たら、改めて言葉で競合品との違いを説明しなければならない。

◆「生産コストが高すぎませんか？」

自分で企画書を書いていた時、「費用・コスト」の項目を作成したはずだ。そしてそこでは、自分なりになるべく低いコストで生産しようとしていただろう。

しかし、第三者の目から見たら、まだまだ生産コストが高い場合もあり得る。この質問が出た場合は、企画書に記載のコストはまだ高いと思われているのだ。この質問が出たら、改めてコストダウンできないか検討する。即答できればよいが、できない場合は後日改めて日時を決めて回答することにしておく。

プレゼンが終わったら、関係者と相談してコストダウンを検討してみること。

よく出る質問とその回答例 ②

◆ このスケジュールで本当に大丈夫ですか？
- そのスケジュールで進められることを示す
- 自分やほかの担当者の状況を話す
- 過去の同様の企画でかかった期間を見せ、今回のスケジュールでも問題ないことを説明する

◆ 競合品とどう違うのですか？
- 競争力のある点を示す
- 価格が安いことを説明する
- 優れた製品であることを見せる
- 競合品にはない特徴を見せる

etc.

◆ 生産コストが高すぎませんか？
- コストに見合う価値のある物であることを示す
- コストダウンの可能性を示す
- 販売価格を高くできることを示す

etc.

プレゼンをレベルアップさせるためには

▼プレゼン力を常に鍛える

これまでの内容を読めば、だいたい一通りのプレゼンテーションができるようになったはずだが、それで満足していてはいけない。ビジネスマンは、常に上を目指していかなくてはいけないのだ。ワンランク上のプレゼンをする方法を述べる。

◆声は大きくはっきりと、話はゆっくりと

プレゼンをする時は、声は大きくはっきりと話すこと。声が小さくては、参加者に聞こえないし、自信がなさそうな印象を与えてしまう。また、話はややゆっくりと話す。早口だと信用されないし、話についてこられない人も出てくるだろう。

◆参加者の反応を見る

自分が話している間は、常に参加者の反応を見ながら進めていくこと。例えば、参加者が退屈していそうな部分があったら、そこは早めに終わらせて次に進んでいく。参加者が興味を引かれたような部分があれば、そこはじっくりと進めるなど、参加者に合わせて進行を変えていくようにする。

◆ユーモアを入れる

プレゼンも、ただ棒読みしているだけでは退屈だ。ところどころにユーモアを入れて、参加者を退屈させないようにする工夫が必要だ。ただし、プレゼンの場では、あまりやりすぎないようにすること。笑いばかりでは、緊張感がなくなる。

◆参加者に話を振る

時々参加者に話を振るのもいい。「○○さん、ここはどう思いますか?」など質問を入れることで、参加者の参加意識を高めることができる。一方的に話すだけではなく、インタラクティブなプレゼンをしていけば、自然に参加者とコミュニケーションがとれるようになる。

さらにレベルの高いプレゼンにする方法

声は大きくはっきりと、話はゆっくりと

◇ 声は普段より1段階大きい声で話す
◇ 声が小さいと自信がなさそうな印象を与えてしまう
◇ 話すスピードは普段より1段階ゆっくりと
◇ あまり早いと、ついてこられない人が出てくる

参加者の反応を見る

◇ 常に参加者の反応を見ながら進める
◇ 少人数なら特に、全員の反応を見て進めていく
◇ 退屈していそうな部分は、早めに終わらせる
◇ 興味を持っていそうな部分は、じっくりと解説する
◇ 眠そうな人がいたら、ちょっと声をかけてあげる

ユーモアを入れる

◇ 棒読みでは参加者が退屈する
◇ ところどころで笑いを取る
◇ ただしお笑いではないので、やりすぎないこと

参加者に話を振る

◇ 節目節目で参加者にも話を振ってみる
◇「○○さん、ここはどう思いますか？」など意見を聞く
◇ 質疑応答の前にも、「質問はないですか？」と聞くのもよい
◇ そうすることで、参加者の参加意識が高まる

弘兼憲史（ひろかね　けんし）

1947年山口県生まれ。早稲田大学法学部卒。松下電器産業販売助成部に勤務。退社後、76年漫画家デビュー。以後、人間や社会を鋭く描く作品で、多くのファンを魅了し続けている。小学館漫画賞、講談社漫画賞の両賞を受賞。代表作に『課長　島耕作』『部長　島耕作』『加治隆介の議』ほか多数。『知識ゼロからのワイン入門』『さらに極めるフランスワイン入門』『知識ゼロからのカクテル＆バー入門』『知識ゼロからのビジネスマナー入門』『知識ゼロからの決算書の読み方』『知識ゼロからの敬語マスター帳』（幻冬舎）などの著書もある。

装幀　亀海昌次
装画　弘兼憲史
本文漫画　『課長　島耕作』（講談社）より
本文イラスト　有限会社ケイデザイン（長道奈美　いまいともこ）
本文デザイン　杉本　徹
校正　平田陽司朗
構成　鳥羽　賢
構成・編集協力　株式会社全通企画（藤田玲那）
編集　福島広司　鈴木恵美（幻冬舎）

知識ゼロからの企画書の書き方

2005年11月10日　第１刷発行
2010年４月25日　第４刷発行

著　者　弘兼憲史
発行人　見城　徹
編集人　福島広司

発行所　株式会社 幻冬舎
〒151-0051　東京都渋谷区千駄ヶ谷4-9-7
電話　03-5411-6211（編集）　03-5411-6222（営業）
振替　00120-8-767643
印刷・製本所　株式会社 光邦

検印廃止

ISBN4-344-90073-1 C2095
Printed in Japan
幻冬舎ホームページアドレス　http://www.gentosha.co.jp/
この本に関するご意見・ご感想をメールでお寄せいただく場合は、comment@gentosha.co.jpまで。